くもんの小学ドリル

がんばり1年生 学しゅうきろくひょう

名まえ

1	2	3	4	5	6	7	8
9	10	11	12	13	14	15	16
17	18	19	20	21	22	23	24
25	26	27	28	29	30	31	32
33	34	35	36	37	38	39	40
41	42	43					

あなたは
「くもんの小学ドリル　こくご　1年生言葉と文のきまり」を、
さいごまで　やりとげました。
すばらしいです！
これからも　がんばってください。

1さつ　ぜんぶ　おわったら、
ここに　大きな　シールを
はりましょう。

1 ひらがなの　ことば①

がつ 月　にち 日

なまえ

はじめ　じ　ふん
おわり　じ　ふん
かかった じかん　ふん

とくてん　てん

1 えに　あう　ことばを、●——●で　むすびましょう。（ひとつ　10てん）

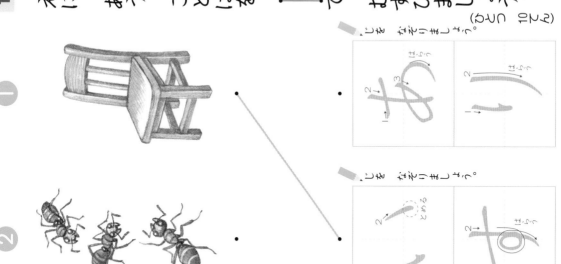

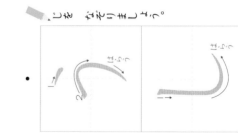

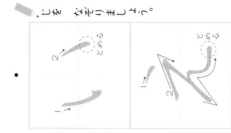

①

②

③

④

⑤

じを　なぞりましょう。
あり

じを　なぞりましょう。
いす

じを　なぞりましょう。
うし

じを　なぞりましょう。
いえ

じを　なぞりましょう。
かお

2

❶ なぞりましょう。

あ

❷ □に「あ」を かいて、えに あう ことばを かきましょう。

（ひとつ 5てん）

あし

あめ

3

❶ なぞりましょう。

い

❷ □に「い」を かいて、えに あう ことばを かきましょう。

（ひとつ 5てん）

いか

いけ

4

❶ なぞりましょう。

う

❷ □に「う」を かいて、えに あう ことばを かきましょう。

（ひとつ 5てん）

うま

うみ

5

❶ なぞりましょう。

え

❷ □に「え」を かいて、えに あう ことばを かきましょう。

（ひとつ 5てん）

えき

えり

6

❶ なぞりましょう。

お

❷ □に「お」を かいて、えに あう ことばを かきましょう。

（ひとつ 5てん）

おに

しお

うすい じは、なぞって かこう。「あ」「い」「う」「え」「お」の つく ことばを たくさん あつめて みよう。

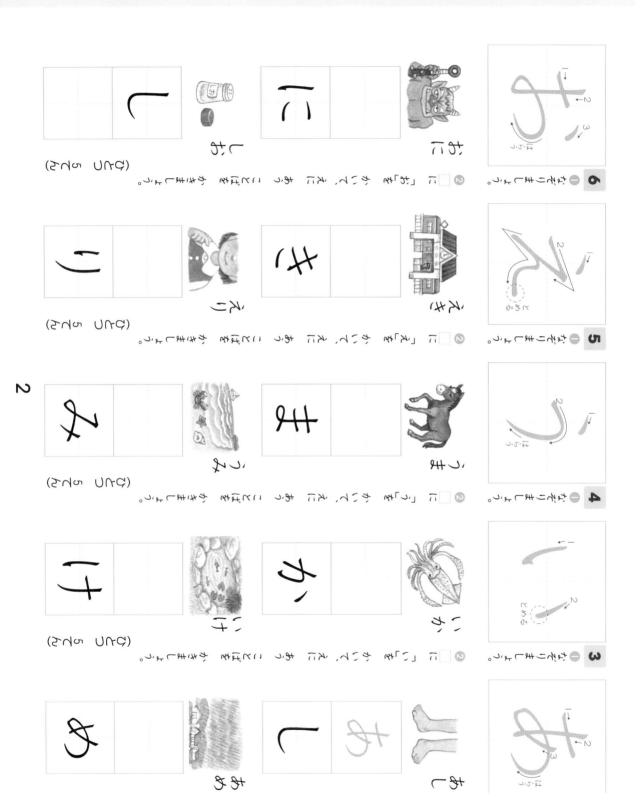

2 ひらがなの ことば②

がつ 月 にち 日

なまえ

はじめ じ ふん

おわり じ ふん

かかった じかん ふん

とくてん てん

1 ❶なぞりましょう。

か（1→ 2 3 はねる）

❷□に 「か」を かいて、えに あう ことばを かきましょう。

かさ

か さ

かわ

わ

（ひとつ 5てん）

2 ❶なぞりましょう。

き（1→ 2→ 3 4 とめる）

❷えに あう ことばを かきましょう。

きく

く

あき

あ

（ひとつ 5てん）

3 ❶なぞりましょう。

く（1 とめる）

❷□に 「く」を かいて、えに あう ことばを かきましょう。

くつ

つ

くろ

ろ

（ひとつ 5てん）

4 ❶なぞりましょう。

け（1 2→ 3 はらう）

❷えに あう ことばを かきましょう。

たけ

た

おけ

お

（ひとつ 5てん）

5 ❶なぞりましょう。

こ（1→ 2 とめる）

❷えに あう ことばを かきましょう。

こい

い

はこ

は

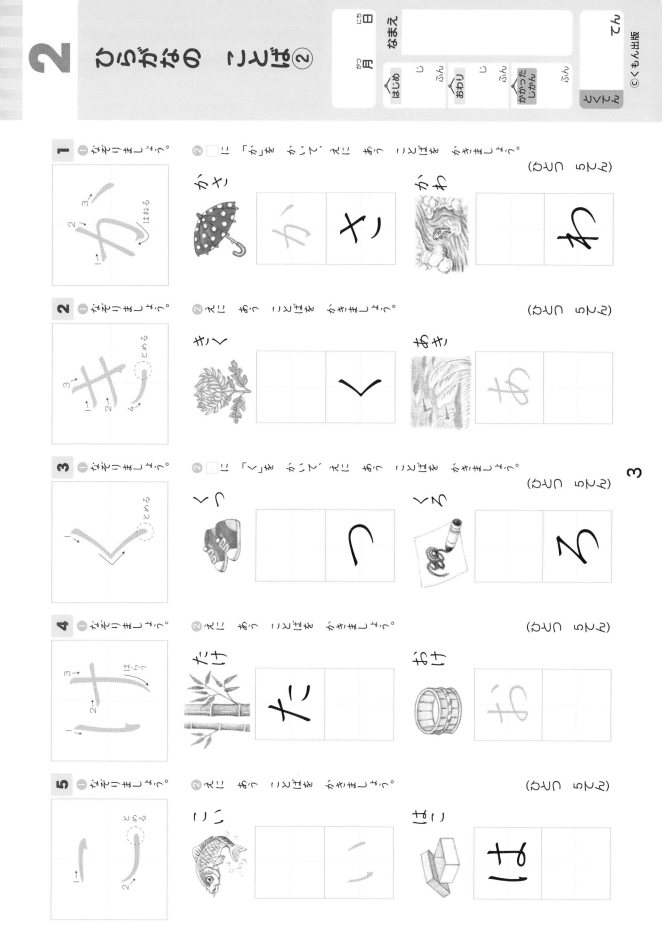

（ひとつ 5てん）

6 ①なぞりましょう。

さ（とめる）

②□に「さ」を かいて、えに あう ことばを かきましょう。　（ひとつ　５てん）

さる

□る

さら
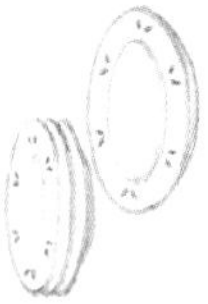
□ら

7 ①なぞりましょう。

し（はらう）

②えに あう ことばを かきましょう。　（ひとつ　５てん）

しか

□か

しま

□ま

8 ①なぞりましょう。

す（はらう）

②えに あう ことばを かきましょう。　（ひとつ　５てん）

りす

り□

すし

□し

9 ①なぞりましょう。

せ

②えに あう ことばを かきましょう。　（ひとつ　５てん）

せみ

□み

あせ
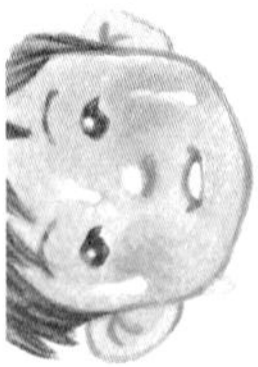
あ□

10 ①なぞりましょう。

そ（とめる）

②□に「そ」を かいて、えに あう ことばを かきましょう。　（ひとつ　５てん）

そり

□り

そら
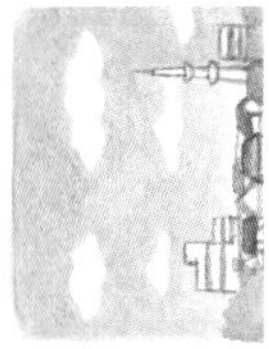
□ら

「かき」「かさ」など、「か」「き」「く」「け」「こ」と「さ」「し」「す」「せ」「そ」の じを くみあわせて ことばを つくって みよう。

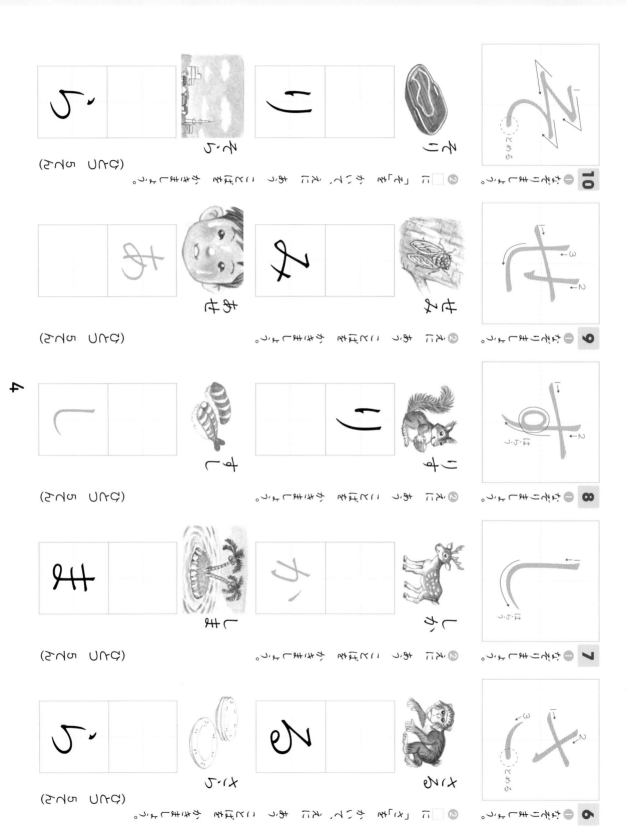

3 ひらがなの ことば③

がつ 月　にち 日
なまえ
はじめ　じ　ふん
おわり　じ　ふん
かかった じかん　ふん
とくてん　てん

1

❶なぞりましょう。

た

❷えに あう ことばを かきましょう。

たこ

□こ

たね

□ね

(ひとつ 5てん)

2

❶なぞりましょう。

ち

❷えに あう ことばを かきましょう。

くち

く□

みち

み□

(ひとつ 5てん)

3

❶なぞりましょう。

つ

❷えに あう ことばを かきましょう。

つき

□き

なつ

な□

(ひとつ 5てん)

4

❶なぞりましょう。

て

❷□に 「て」を かいて、えに あう ことばを かきましょう。

てら

□ら

てん

□ん

(ひとつ 5てん)

5

❶なぞりましょう。

と

❷□に 「と」を かいて、えに あう ことばを かきましょう。

とら

□ら

とり

□り

(ひとつ 5てん)

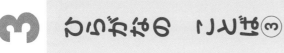

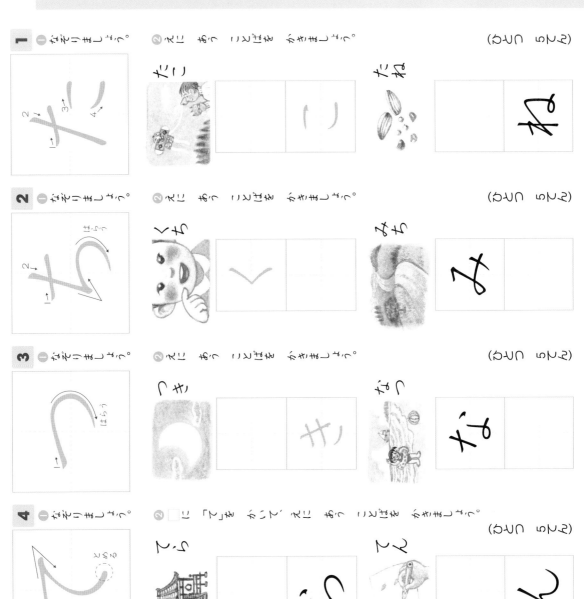

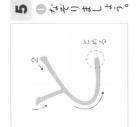

6 ❶なぞりましょう。

な

❷えに　あう　ことばを　かきましょう。

なす

なべ

（ひとつ　5てん）

7 ❶なぞりましょう。

に

❷えに　あう　ことばを　かきましょう。

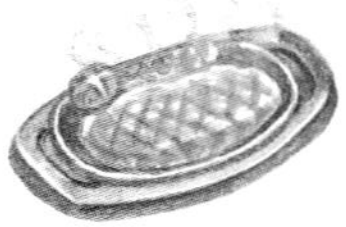
にく

にわ

（ひとつ　5てん）

8 ❶なぞりましょう。

ぬ

❷えに　あう　ことばを　かきましょう。

いぬ

ぬの

（ひとつ　5てん）

9 ❶なぞりましょう。

ね

❷えに　あう　ことばを　かきましょう。

ねこ

ねぎ

（ひとつ　5てん）

10 ❶なぞりましょう。

の

❷えに　あう　ことばを　かきましょう。

つの

のり

（ひとつ　5てん）

「なつ」と「つな」や、「にわ」と「わに」のように、うえと　したを　ひっくりかえすと　ちがう　ことばに　なる　ものを　さがして　みよう。

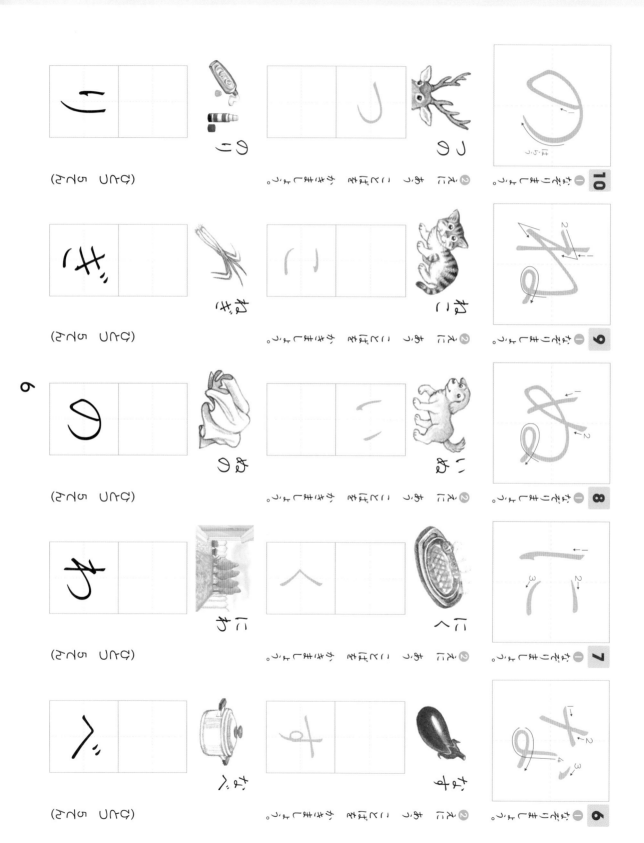

4 ひらがなの　ことば④

がつ 月　にち 日

なまえ

はじめ　じ　ふん
おわり　じ　ふん
かかった じかん　ふん

とくてん　てん

1 ❶ なぞりましょう。

は

❷ えに　あう　ことばを　かきましょう。　（ひとつ　5てん）

はと

□と

はな

□な

2 ❶ なぞりましょう。

ひ（とめる）

❷ □に「ひ」を　かいて、えに　あう　ことばを　かきましょう。　（ひとつ　5てん）

ひも

□も

ひる

□る

3 ❶ なぞりましょう。

ふ

❷ えに　あう　ことばを　かきましょう。　（ひとつ　5てん）

ふえ

□え

ふろ

□ろ

4 ❶ なぞりましょう。

へ（とめる）

❷ えに　あう　ことばを　かきましょう。　（ひとつ　5てん）

へそ

□そ

へや

□や

5 ❶ なぞりましょう。

ほ

❷ えに　あう　ことばを　かきましょう。　（ひとつ　5てん）

ほし

□し

ほね

□ね

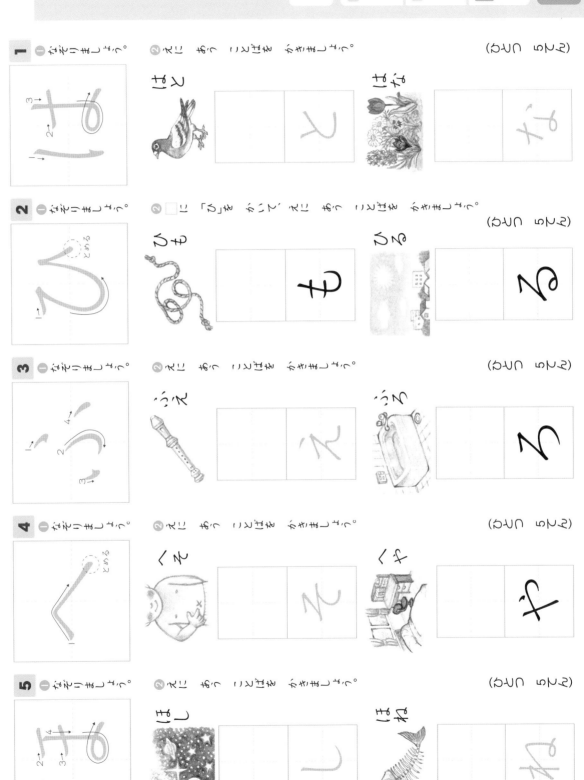

6 ①なぞりましょう。

ま

②えに あう ことばを かきましょう。　(ひとつ　5てん)

くま

まど

7 ①なぞりましょう。

み

②えに あう ことばを かきましょう。　(ひとつ　5てん)

みみ

みせ

8 ①なぞりましょう。

む

②えに あう ことばを かきましょう。　(ひとつ　5てん)

むし

むぎ

9 ①なぞりましょう。

め

②えに あう ことばを かきましょう。　(ひとつ　5てん)

かめ

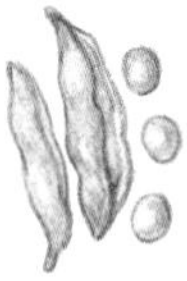
まめ

10 ①なぞりましょう。

も

②えに あう ことばを かきましょう。　(ひとつ　5てん)

もも

もり

「は」と「ほ」、「く」と「く」、「め」と「ぬ」、「ま」と「も」は、まちがえやすいので、きを つけて かこう。

5 ひらがなの　ことば⑤

月（がつ）　日（にち）

なまえ

はじめ　じ　ふん

おわり　じ　ふん

かかった じかん　ふん

とくてん　てん

1

❶ なぞりましょう。

や

❷ えに　あう　ことばを　かきましょう。　（ひとつ　5てん）

やま

ま

こや

こ

やきいも

き　い　も

2

❶ なぞりましょう。

ゆ

❷ えに　あう　ことばを　かきましょう。　（ひとつ　5てん）

ゆり

り

ゆき

き

ゆめ

め

おゆ

お

3

❶ なぞりましょう。

よ

❷ えに　あう　ことばを　かきましょう。　（ひとつ　5てん）

よん

ん

よる

る

ようふく

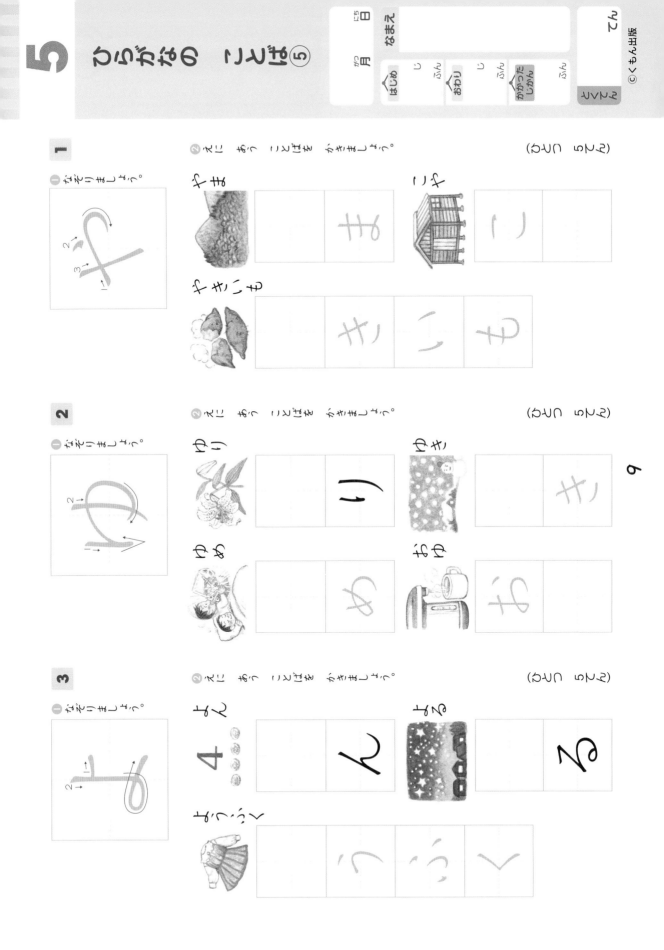

う　ふ　く

4 ❶ なぞりましょう。

ら

❷ えに あう ことばを かきましょう。（ひとつ 5てん）

はら

ばら

5 ❶ なぞりましょう。

り

❷ えに あう ことばを かきましょう。（ひとつ 5てん）

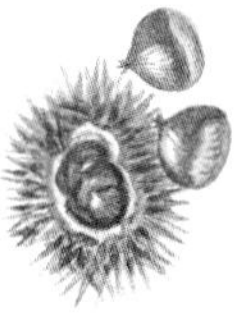

くり

つり

6 ❶ なぞりましょう。

る

❷ えに あう ことばを かきましょう。（ひとつ 5てん）

つる

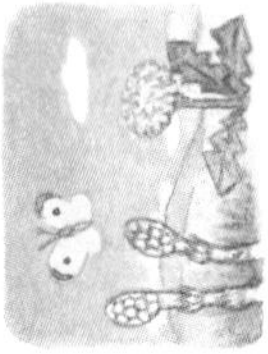

はる

7 ❶ なぞりましょう。

れ

❷ えに あう ことばを かきましょう。（ひとつ 5てん）

れつ

れい

8 ❶ なぞりましょう。

ろ

❷ えに あう ことばを かきましょう。（ひとつ 5てん）

ろば

しろ

「り」と 「い」、「る」と 「ろ」は かたちが にて いるので、かきまちがえないように きを つけよう。

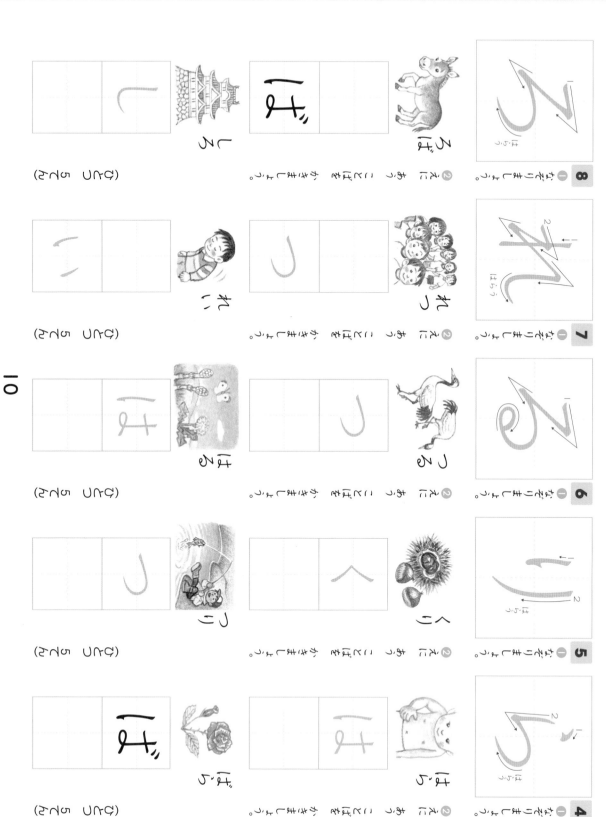

6 ひらがなの　ことば⑥

がつ 月　にち 日

なまえ

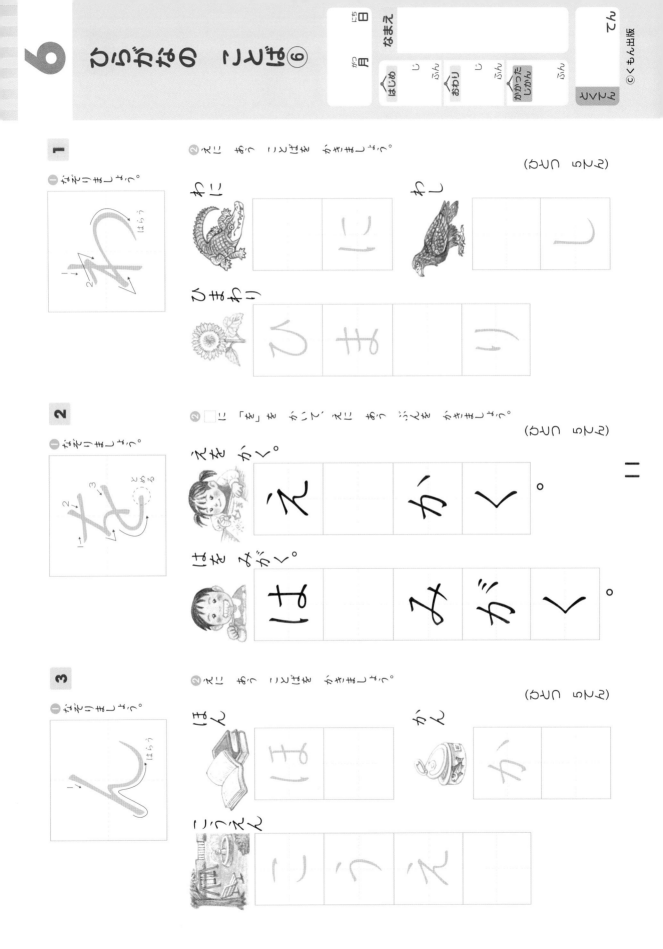

はじめ　じ　ふん
おわり　じ　ふん
かかった じかん　ふん

とくてん　てん

1

❶ なぞりましょう。

わ（1 2　はらう）

❷ えに　あう　ことばを　かきましょう。

（ひとつ　5てん）

わに

□に

わし

□し

ひまわり

ひま□り

2

❶ なぞりましょう。

を（1 2 3　とめる）

❷ □に「を」を　かいて、えに　あう　ぶんを　かきましょう。

（ひとつ　5てん）

えを　かく。

え□かく。

はを　みがく。

は□みがく。

3

❶ なぞりましょう。

ん（1　はらう）

❷ えに　あう　ことばを　かきましょう。

（ひとつ　5てん）

ほん

ほ□

かん

か□

こうえん

こうえ□

4 □に ひらがなを かいて、「ごじゅうおん」の ひょうを つくりましょう。（うすい じは なぞりましょう。） （ぜんぶ かいて 30てん）

あ		さ		な		ま		ら	
	き		ち		ひ		(い)		(い)
う		す		ぬ		む		る	(う)
	け		て		へ		(え)		(え)
お		そ		の		も		ろ	

ん

5 たてに よんで みよう。 （15てん）

あ→い→う→え→お
か→き→く→け→こ
さ→し→……

6 よこに よんで みよう。 （15てん）

あ→か→さ→た→な
は→ま→や→ら→わ
い→き→……

あ	か	さ	た	な	は	ま	や	ら	わ	ん
い	き	し	ち	に	ひ	み	(い)	り	(い)	
う	く	す	つ	ぬ	ふ	む	ゆ	る	(う)	
え	け	せ	て	ね	へ	め	(え)	れ	(え)	
お	こ	そ	と	の	ほ	も	よ	ろ	を	

ひらがなの ひょうを くりかえし こえに だして よもう。
たてに よんだり、よこに よんだり して みよう。

7 しあげドリル①

1 つぎの ひらがなを つかって、ことばを つくりましょう。

(ひとつ 6てん)

①

あ	か
い	き
う	く
え	け
お	こ

いか

「あか」や
「いけ」が
できたよ！

②

あ	さ
い	し
う	す
え	せ
お	そ

あさ

「さい」や
「しお」も
できるね。

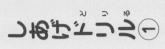

2 つぎの ひらがなを つかって、ことばを つくりましょう。（ひとつ 5てん）

①

さ	か	あ
し	き	い
す	く	う
せ	け	え
そ	こ	お

あしか

「あかい」や「すいか」も みつけたよ！

②

ま	た	あ
み	ち	い
む	つ	う
め	て	え
も	と	お

「あたま」、「いたち」も はっけん！

1 は ふたつの ひらがなで、**2** は ふたつか みっつの ひらがなで できる ことばを さがして みよう。

8 ひらがなの　ことば⑦

がつ　月　にち　日
なまえ
はじめ　じ　ふん
おわり　じ　ふん
かかった じかん　ふん
とくてん　てん

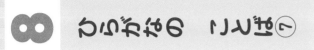

1 「゛(てんてん)」の　つく　ひらがなを　かきましょう。
また、うえの　ことばに　あう　えを、したから
えらんで、•—•で　むすびましょう。
（ひとつ　5てん）

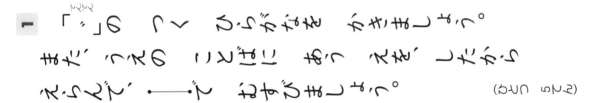

① ば　ら
② め　が　ね
③ か　ぶ　と

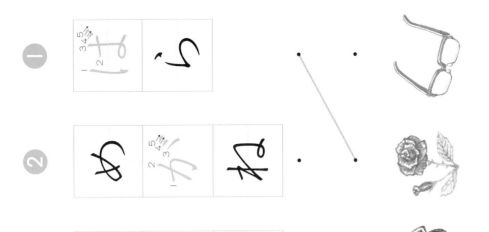

2 えに　あうように、□に　ひらがなを　かきましょう。
（ひとつ　5てん）

① げた

げ　た

② みず
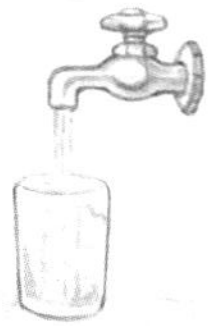
み　□

③ びん

□　ん

④ にじ

に　□

3 えに　あう　ことばを、・—・で　むすびましょう。
（ひとつ　6てん）

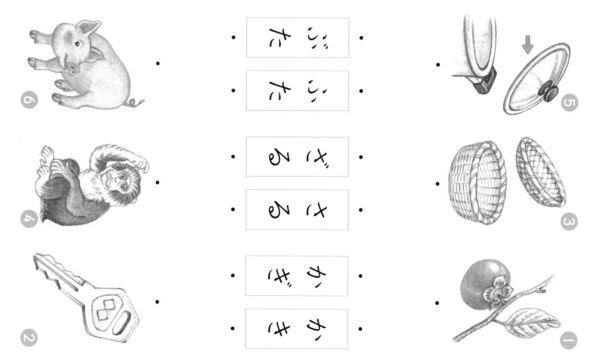

① 
③ 
⑤ 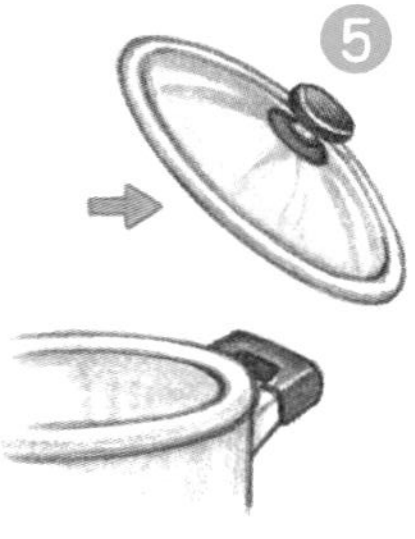

かき	さる	ふた
かぎ	ざる	ぶた

② 
④ 
⑥ 

4 えに　あう　ことばを　かきましょう。
（①は　9てん、②・③は　ひとつ　10てん）

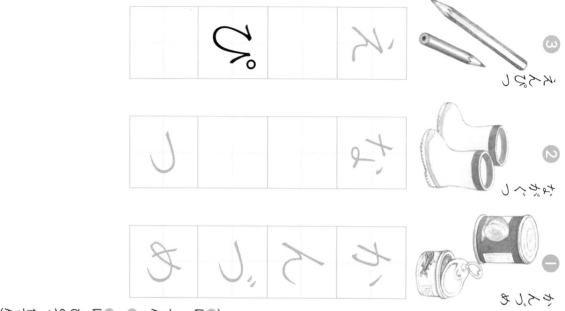

① かんづめ 

かんづめ
か
ん
づ
め

② ながぐつ 

ながぐつ
な
つ

③ えんぴつ 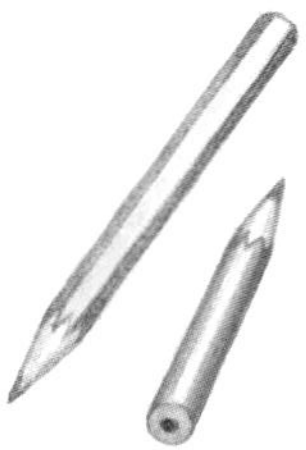

えんぴつ
え
ぴ

「゛(てんてん)」は、さいごに　かくよ。「かき」や　「かぎ」のように、「゛(てんてん)」が　あるか　ないかで、べつの　ことばに　なる　ことが　あるよ。

9 ひらがなの　ことば⑧

がつ 月　にち 日

なまえ

はじめ　じ　ふん

おわり　じ　ふん

かかった じかん　ふん

とくてん　てん

1 えに　あう　ことばを、（　）で　かこみましょう。（ひとつ　4てん）

①

（きって）
きつて

②

きっね
きつね

③

しっぽ
しつぽ

④

ひっじ
ひつじ

⑤
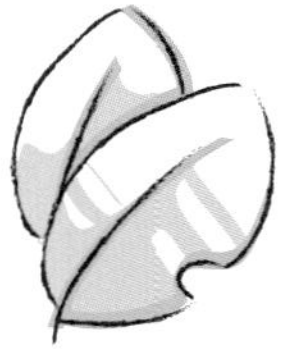

はっぱ
はつぱ

⑥

がっき
がつき

2 えに　あう　ことばを、・—・で　むすびましょう。（ひとつ　7てん）

①

②

おばさん
おばあさん

③

④

おじさん
おじいさん

3 えに あうように、□に ひらがなを かきましょう。 (ひとつ 8てん)

1 てつぼう

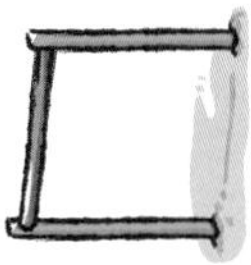

て □ □ う

2 せっけん

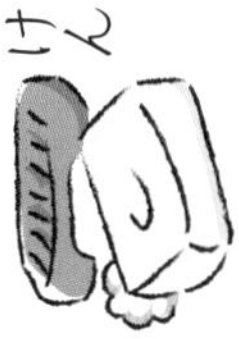

せ □ □ □

3 もっきん

も □ □ □

ちいさい「っ」は、ますめの みぎうえに かくよ。

4 えに あう ことばを かきましょう。 (ひとつ 8てん)

1 ふうせん

ふ □ □ □

2 ひこうき

ひ □ □ □

3 せんぷうき

せ ん □ □ き

「お」を のばした おんは、「おう」に なるよ。
「ほうし」「じどうしゃ」のように かこう。

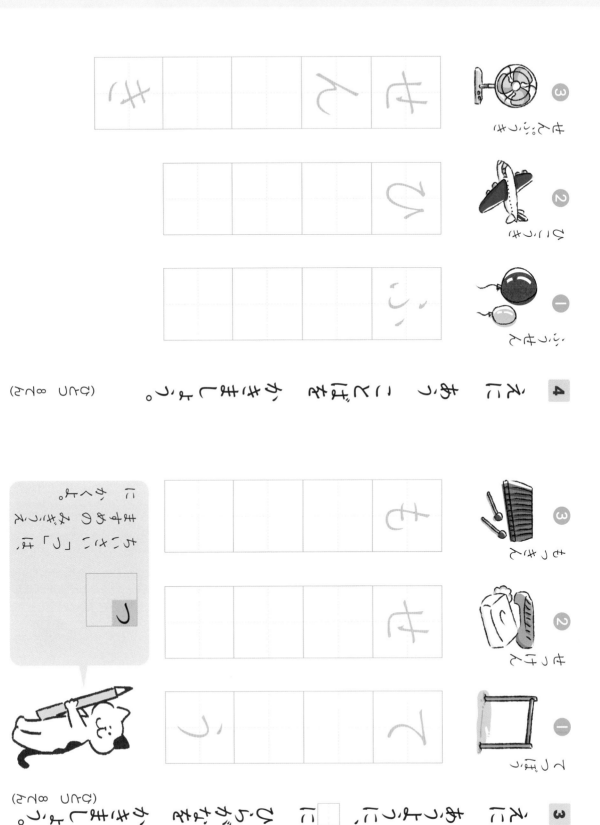

10 ひらがなの ことば⑨

がつ 月　にち 日　なまえ

はじめ じ ふん　おわり じ ふん　かかった じかん ふん

とくてん てん

1 えに あう ことばを、◯で かこみましょう。（ひとつ 4てん）

① 
あきや
あきゃ

② 
しやしん
しゃしん

③ 
あくしゆ
あくしゅ

④ 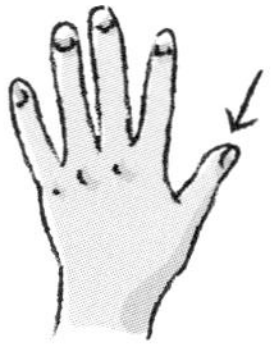
おやゆび
おやゅび

⑤ 
たいよう
たいょう

⑥ 
きんぎよ
きんぎょ

2 えに あう ことばを、•—•で むすびましょう。（ひとつ 7てん）

① 

② 

いしや
いしゃ

③ 

④ 

びようい ん
びょういん

3 えに　あうように、□に　ひらがなを　かきましょう。（ひとつ　8てん）

① ちゃわん

ち□わん

② きゅうり

き□うり

③ じょうぎ

じ□うぎ

ちいさい「や」「ゆ」「よ」は、ますめの　みぎうえに　かくよ。

や	ゆ	よ

4 えに　あう　ことばを　かきましょう。（ひとつ　8てん）

① じゃんけん

じ□□けん

② ぎゅうにゅう

ぎ□□に□う

③ きょうかしょ

き□□か□□

ちいさく　かく　じの　よみかたや　かきかたを　ただしく　おぼえよう。

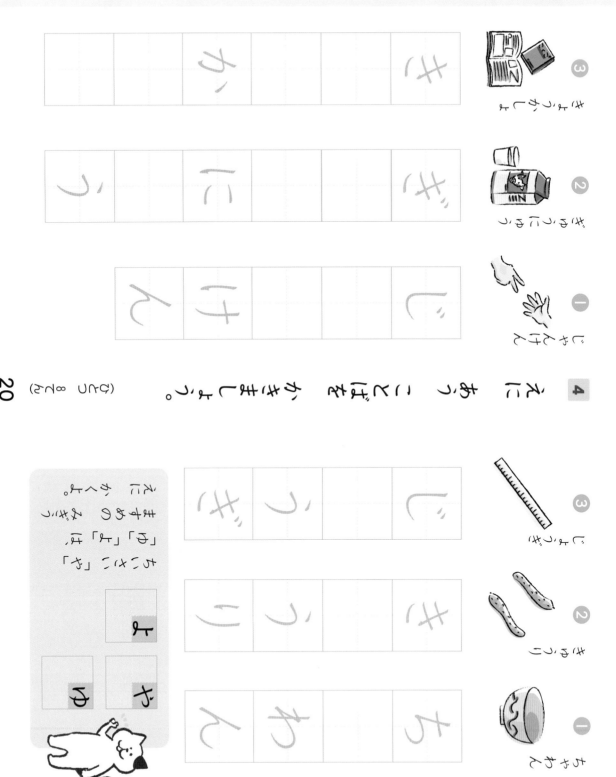

11 ひらがなの ことば⑩

がつ 月 にち 日

なまえ

はじめ じ ふん

おわり じ ふん

かかった じかん ふん

とくてん てん

1 えに あう ことばを、（ ）で かこみましょう。（ひとつ 6てん）

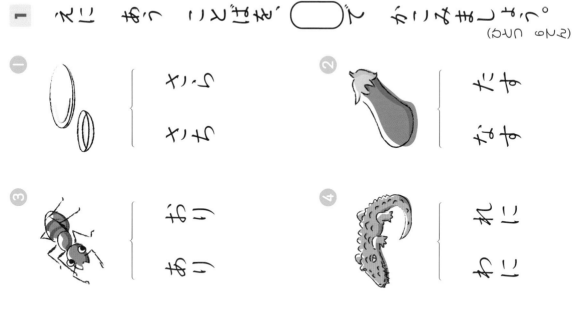

① 
さら　さち

② 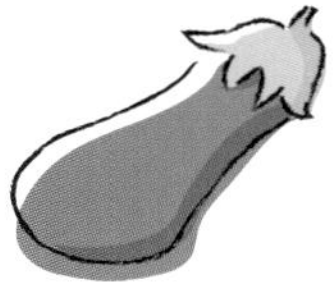
たす　なす

③ 
おり　あり

④ 
れに　わに

文をかく力

2 ――の ひらがなは まちがって います。したの えに あうように、ただしく かきなおしましょう。（ひとつ 6てん）

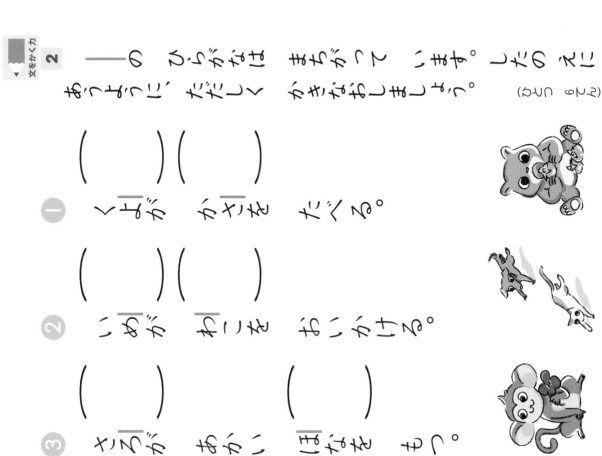

① くよが（　）（　）かさを（　）たべる。

② いめが（　）（　）わこを（　）おいかける。

③ さろが（　）あかい ほなを（　）もつ。

3 えに あう ことばを □ に かいて、しりとりを しましょう。（ひとつ 5てん）

① 
す□め

② 
め□□

③ 
か□□

④ 
み□□□□う

⑤ 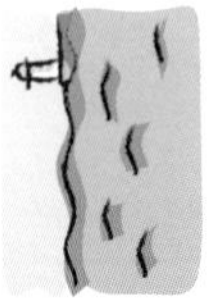
□み

⑥ 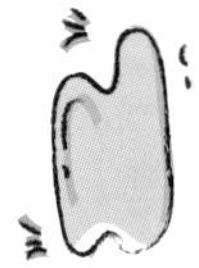
□□□□り

⑦ 
し□□□

⑧ 
□□□□

3 ⑦は、さかなや かいなどを とる しごとを して いる ひとの ことだよ。

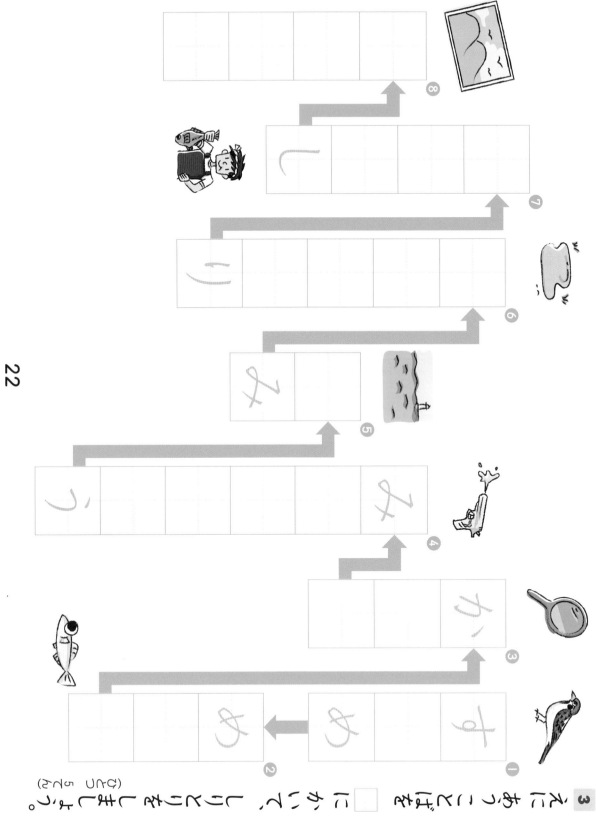

12 しあげドリル②

月　日　なまえ

はじめ　じ　ふん　おわり　じ　ふん　かかった じかん　ふん　とくてん　てん

1 つぎの　マシンに　いれると　できる　ことばを　かんがえて、かきましょう。（ひとつ　10てん）

❶

だい

❷

しっぽ

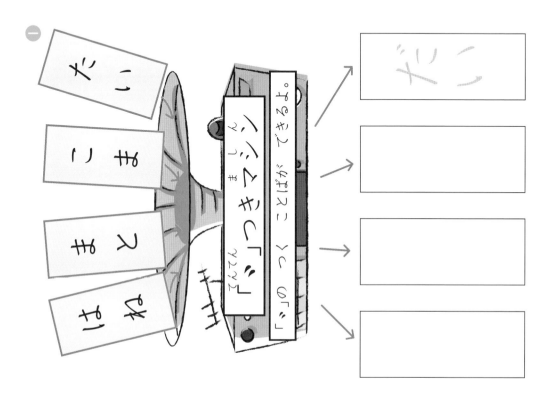

2 つぎの □ の なかには、ひとつだけ ちがう ひらがなが あります。◯で かこみましょう。

（ひとつ 10てん）

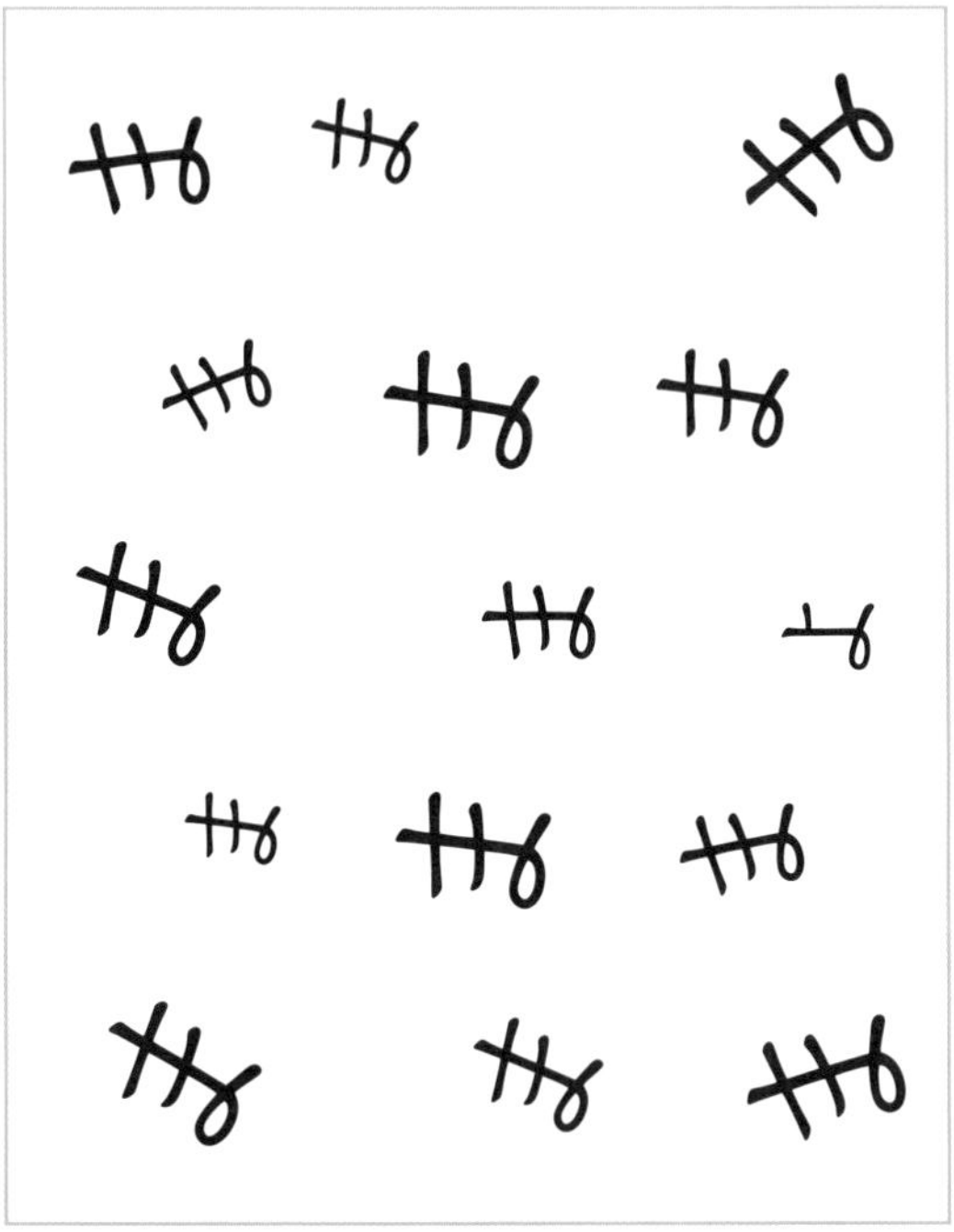

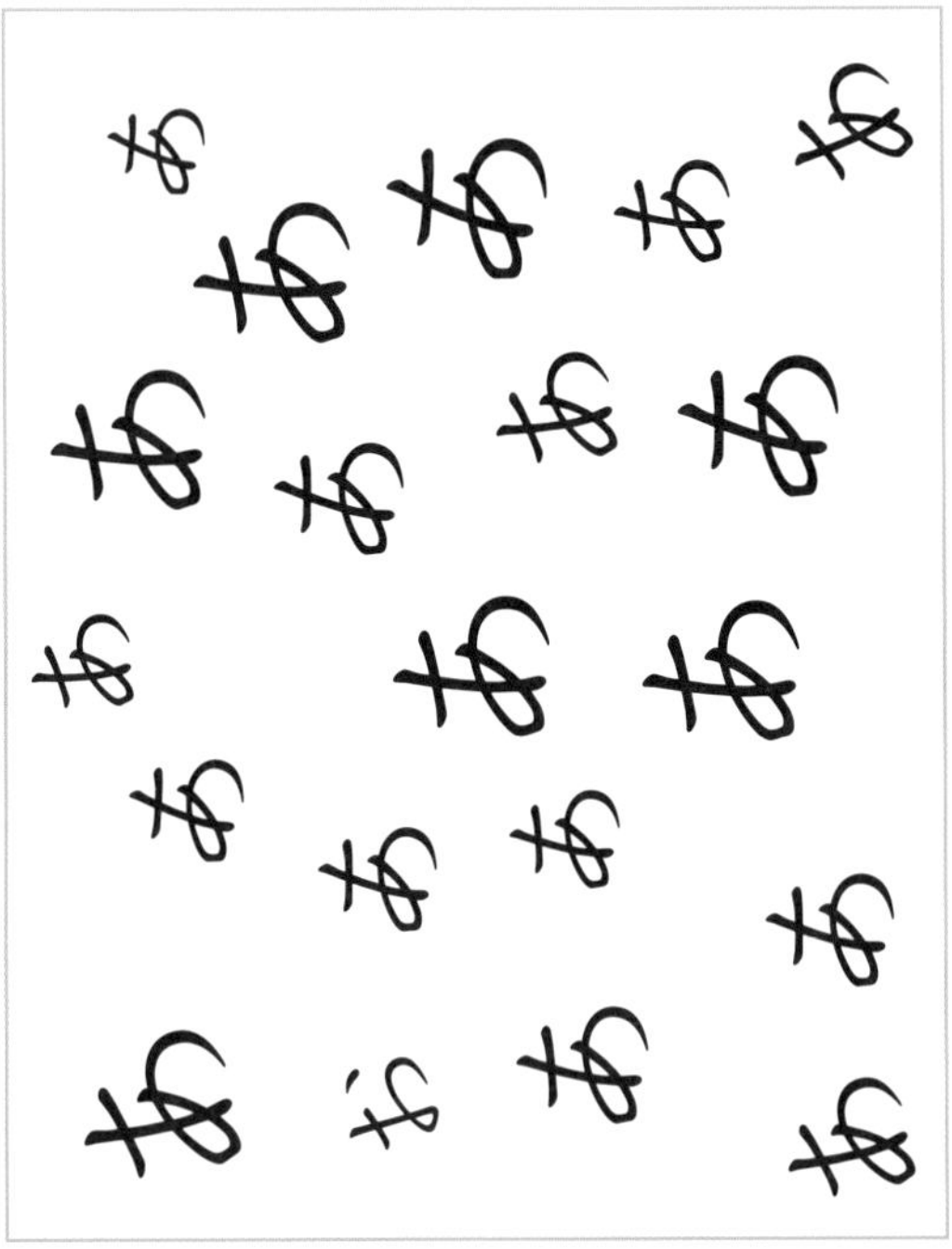

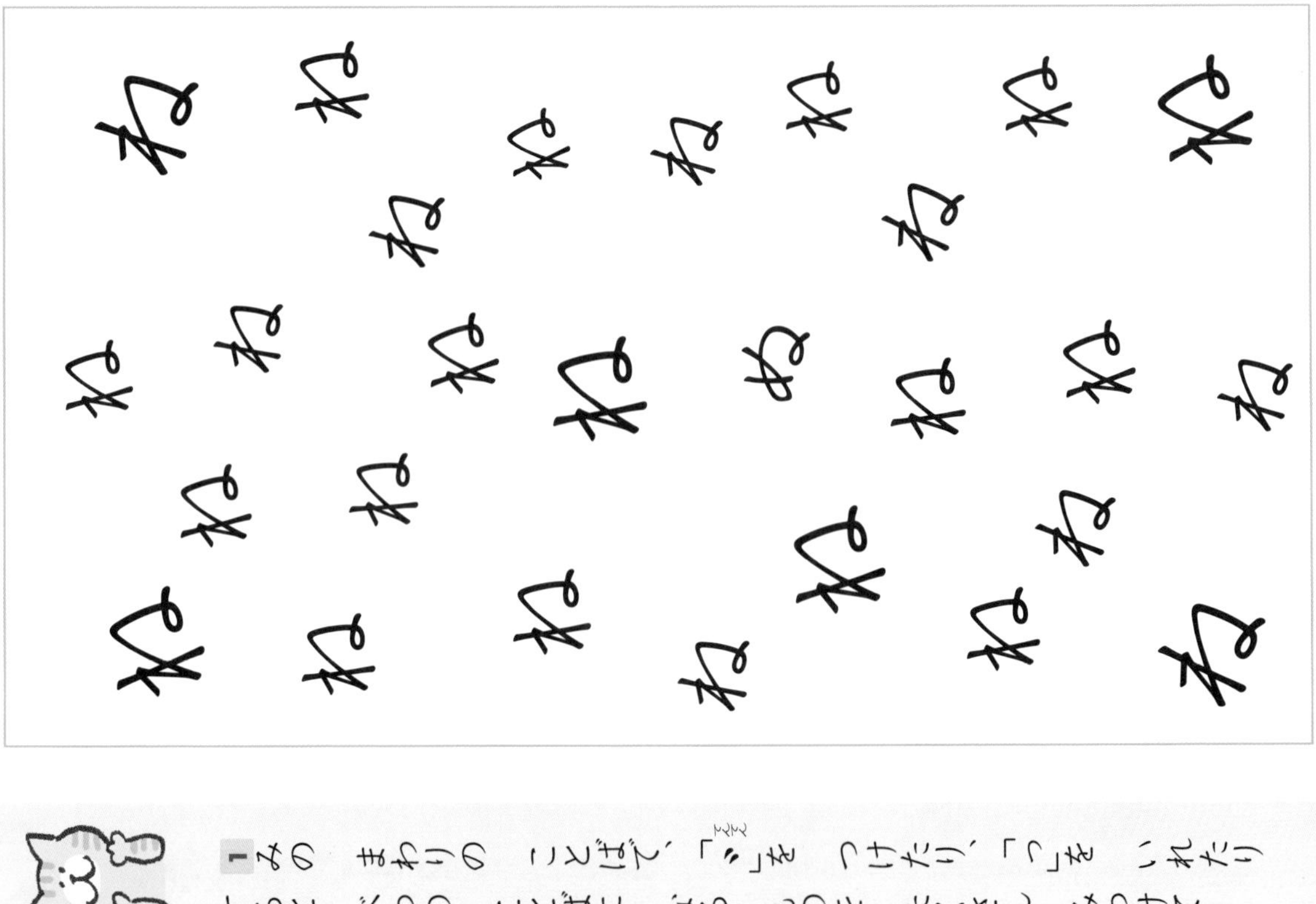

1 みの まわりの ことばで、「゛（てん）」を つけたり、「っ」を いれたり するると べつの ことばに なる ものを たくさん みつけて みよう。

13

なかまの　ことば①

がつ　月　にち　日　なまえ

はじめ　じ　ふん　おわり　じ　ふん　かかった じかん　ふん　とくてん　てん

1　えに　あう　あいさつの　ことばを、◯で　かこみましょう。（ひとつ　8てん）

①

おはようございます。
おやすみなさい。

②

ただいま。
さようなら。

2　えに　あう　あいさつを　したから　えらんで、•—•で　むすびましょう。（ひとつ　8てん）

① 

② 

③ 

・いただきます。
・いってきます。
・おやすみなさい。

3 えに　あう　あいさつの　ことばを、［　］から　えらんで、□に　かきましょう。（ひとつ　10てん）

こんにちは。
こんばんは。
いただきます。
ごちそうさま。

4 つぎの　ときには、　どんな　あいさつの　ことばを　つかいますか。（　）に　かきましょう。（ひとつ　10てん）

① いえに　かえって　きた　とき。

（　　　　　　　　）

② いえから　でかける　とき。

（　　　　　　　　）

なにかを　して　もらった　ときには　「ありがとう。」、めいわくを　かけた　ときには　「すみません。」や　「ごめんなさい。」と　いう　ことばを　つかうよ。

なかまの　ことば②

がつ 月　にち 日

はじめ　じ　ふん
おわり　じ　ふん
かかった じかん　ふん

なまえ

とくてん　てん

1 えに　あう　ことばを、（　）で　かこみましょう。（ひとつ　6てん）

① 
なべ
ざる

② 
かがみ
しゃしん

③ 
まくら
めがね

④ 
とうふ
とけい

2 えに　あう　ことばを、□に　かきましょう。（ひとつ　6てん）

れ□□□□

し ょ □ ゆ

ち□□□

さ□

3 えに　あう　ことばを、（　）で　かこみましょう。（ひとつ　6てん）

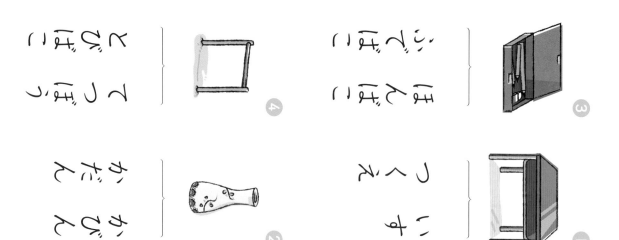

① 

いす ／ つくえ

② 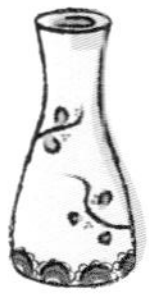

かびん ／ かだん

③ 

ほんばこ ／ ふでばこ

④ 

てつぼう ／ とびばこ

4 えに　あう　ことばを、□に　かきましょう。（ひとつ　7てん）

せ□□□□

こ□□□□

え□□□□

き□□□□□

1 2 は　いえの　なかに　ある　もの、3 4 は　がっこうに　かんけいが　ある　ものを　とりあげて　いるよ。

15 なかまの　ことば③

がつ　月　にち　日

なまえ

はじめ　じ　ふん
おわり　じ　ふん
かかった じかん　ふん

とくてん　てん

1　つぎの　どうぶつの　なまえを、□に　かきましょう。
（ひとつ　5てん）

① 
き□□

② 
き□□

③ 
う□□

④ 
ひ□□

2　つぎの　なかまの　ことばを、□から　えらんで、（　）に　かきましょう。
（ひとつ　5てん）

①　どうぶつ

（　　　　）・（　　　　）・（　　　　）

②　やさい

（　　　　）・（　　　　）・（　　　　）

きりん　・　なす　・　たぬき
さる　・　じゃがいも　・　きゅうり

3 つぎの　くだものの　なまえを、□に　かきましょう。
（ひとつ　5てん）

1 
り

2 
す

3 
い

4 
ぶ

4 つぎの　なかまの　ことばを、□から　えらんで、
（　）に　かきましょう。
（ひとつ　5てん）

1 とり
（　　）・（　　）・（　　）

2 くだもの
（　　）・（　　）・（　　）

かき　・　すずめ　・　なし
はと　・　みかん　・　からす

「どうぶつ」「やさい」「くだもの」「とり」の　なまえが　たくさん　でてきたね。ほかに、どんな　ことばが　あるのか　さがして　みよう。

16 なかまの ことば④

月　日

なまえ

はじめ　じ　ふん

おわり　じ　ふん

かかった じかん　ふん

とくてん　てん

1 〔　〕の ことばを まとめて、なんと よぶでしょう。□から えらんで かきましょう。（ひとつ 10てん）

①〔たい・さんま まぐろ・めだか〕…（　　）

②〔ちょう・せみ とんぼ・みつばち〕…（　　）

むし ・ とり ・ さかな ・ はな

2 つぎの なかまの ことばを、□から えらんで かきましょう。（ひとつ 5てん）

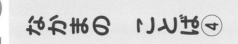

① たべもの …（　　）・（　　）

② のりもの …（　　）・（　　）

③ ぶんぼうぐ…（　　）・（　　）

すし ・ ふね ・ えんぴつ
したじき ・ うどん ・ でんしゃ

3 えに　あう　きせつを、□に　かきましょう。（ひとつ　5てん）

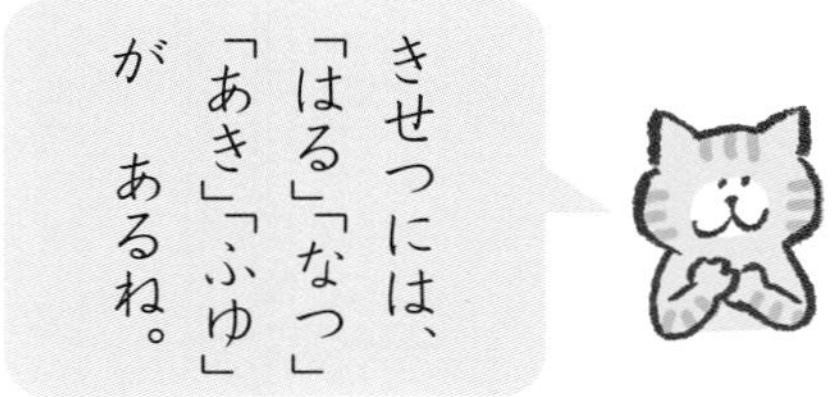

4 （　）に　あう　ことばを、□から　えらんで　かきましょう。（ひとつ　10てん）

① あさ→（　　　）→ゆうがた→よる

② きのう→（　　　）→あした（あす）

③ きょねん→（　　　）→らいねん

ひる・ことし・きょう・いちねん

4 のような　じかんの　たつ　じゅんじょを　あらわす　ことばも　あるよ。つかえるように　おぼえて　おこう。

17 うごきを あらわす ことば

がつ 月	にち 日

なまえ

はじめ　じ　ふん
おわり　じ　ふん
かかった じかん　ふん
とくてん　てん

1 えに あう ことばを、◯で かこみましょう。（ひとつ 6てん）

① 
（よむ）・かく

② 
とまる・はしる

③ 
のむ・たべる

④ 
きく・はなす

2 えに あう ことばを、［　］から えらんで かきましょう。（ひとつ 6てん）

① 
まどを（　　　　）。

② 
ごみを（　　　　）。

③ 
パン(ぱん)を（　　　　）。

④ 
ボール(ぼうる)を（　　　　）。

ひろう・あける・ける・たべる

3 うえに つづく ことばを、●——●で むすびましょう。（ひとつ 7てん）

①  うたを ・　　・なげる。
②  ボール（ぼうる）を ・　　・うたう。
③  ぶらんこに ・　　・あける。
④  なわとびを ・　　・する。
・のる。

文をかく力
4 えに あうように、（　）に ことばを かきましょう。（ひとつ 8てん）

①  ろうかで
（　　　　　　　　）。

②  にもつを
（　　　　　　　　）。

③  プール（ぷうる）で
（　　　　　　　　）。

「くるまに のる。」「じてんしゃに のる。」など、うごきを あらわす ことばの いろいろな つかいかたを さがして みよう。

18 ようすを あらわす ことば

月 日　なまえ
はじめ　じ　ふん　おわり　じ　ふん　かかった じかん　ふん
とくてん　てん

1 えに あう おとを えらんで、•—•で むすびましょう。（ひとつ 6てん）

① 

② 

③ 

④ 

- ワンワン（わんわん）
- ドンドン（どんどん）
- ガチャン（がちゃん）
- ボチャン（ぼちゃん）

2 ——の ことばの つかいかたが ただしい ほうに、◯を つけましょう。（ひとつ 8てん）

①
（　　）かぜが あかるい。
（　　）へやが あかるい。

②
（　　）プール（ぷうる）が ふかい。
（　　）どうろが ふかい。

③
（　　）ケーキ（けえき）が おいしい。
（　　）トラック（とらっく）が おいしい。

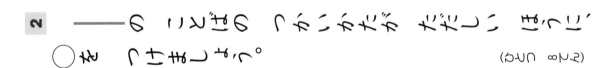

どれも、ものの ようすを あらわして いるよ。

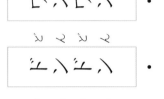

3 つぎの　ことばが　あらわす　おとを、したから　えらんで、•—•で　むすびましょう。（ひとつ　7てん）

① ゴーン（ごうん）・　　・すずめの　なきごえ。

② チュンチュン（ちゅんちゅん）・　　・てらの　かねの　おと。

③ ザブーン（ざぶうん）・　　・かぜの　おと。

④ ヒューヒュー（ひゅうひゅう）・　　・なみの　おと。

文をかく力

4 （　）に　あう　ことばを、［　］から　えらんで　かきましょう。（ひとつ　8てん）

① ほしが（　　　　）ひかる。

② かぎを（　　　　）かける。

③ あかちゃんが（　　　　）わらう。

［ふらふら・きらきら・にっこり・しっかり］

「あかるい　ライト（らいと）。」「ふかい　あな。」の ━ は、「ライト（らいと）」や「あな」の　ようすを　くわしく　して　いるよ。

19 はんたいの いみの ことば

1 はんたいの いみの ことばを、◯で かこみましょう。（ひとつ 7てん）

① うえ ｛ した／あと ｝

② なか ｛ うら／そと ｝

③ おおい ｛ ちいさい／すくない ｝

④ ふるい ｛ あかるい／あたらしい ｝

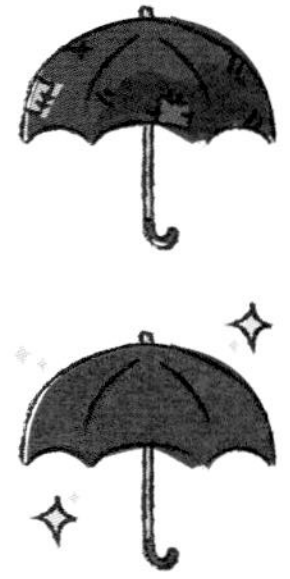

2 ―の ことばと はんたいの いみの ことばを、したから えらんで、•―•で むすびましょう。（ひとつ 7てん）

① ほんを かう。 •

② うえに あがる。 •

③ しあいに かつ。 •

④ へやに はいる。 •

• さがる

• うる

• でる

• あける

• まける

はんたいの うごきを あらわして いる ことばを さがすよ。

3 □の ことばと はんたいの いみの ことばを、□から えらんで かきましょう。（ひとつ 8てん）

1 ぞうは [おおきい]。
ねずみは （　　　）。

2 なつは [あつい]。
ふゆは （　　　）。

すくない　ちいさい　ねむい　さむい

4 □と はんたいの いみの ことばを かきましょう。（ひとつ 7てん）

1 せが [たかい]。
（　　　）

2 ちからが [よわい]。
（　　　）

3 [まえ]に ならぶ。
（　　　）

4 [みぎ]に まわる。
（　　　）

はんたいの いみの ことばを おぼえて、ぶんや ぶんしょうに つかえるように しよう。

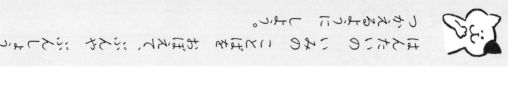

20 しあげドリル③

なまえ

月　日

はじめ　じ　ふん
おわり　じ　ふん
かかった じかん　ふん

とくてん　てん

1 くだものの　ほうの　みちに　――を　ひいて、ゴールまで　いきましょう。（❶は　5てん、❷〜❻は　ひとつ　7てん）

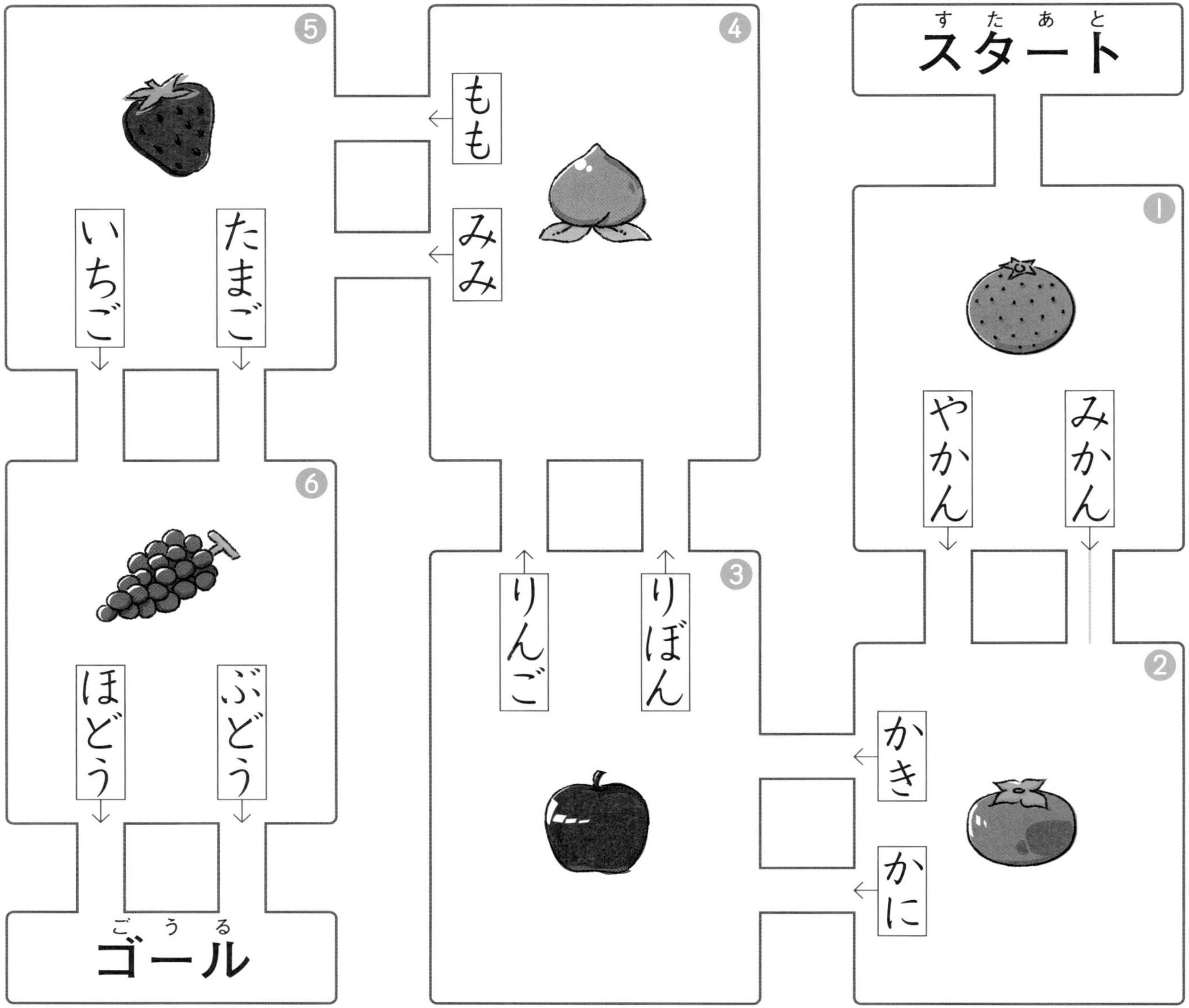

2 えに　あう　ことばを、［　　］から　えらんで、□に　かきましょう。（ひとつ　10てん）

① 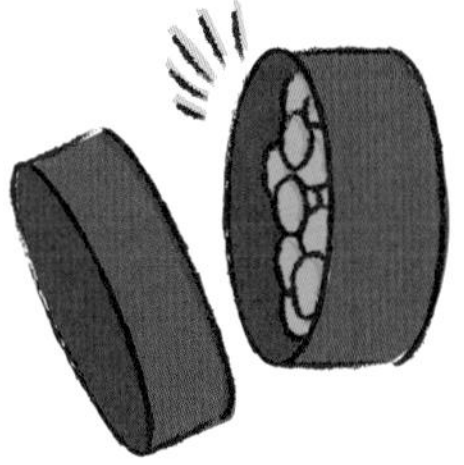

おおい

② 

③ 

④ 

⑤ 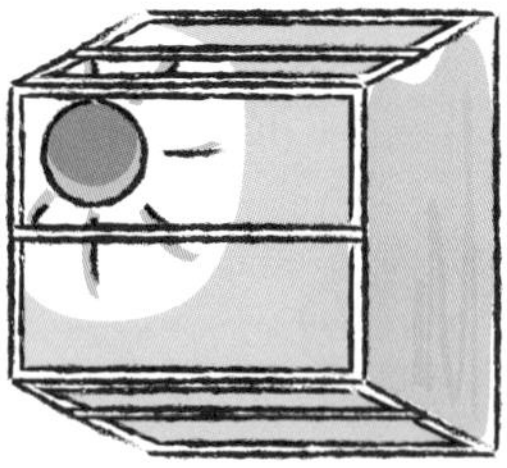

⑥ 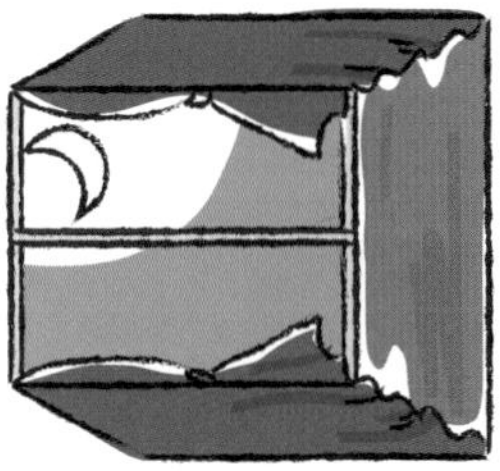

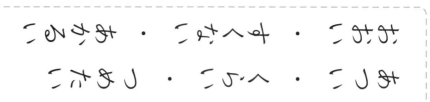

あつい　・　くらい　・　つめたい
おおい　・　すくない　・　あかるい

2は、うえと　したで、はんたいの　いみの　ことばに　なって　いるよ。はんたいの　いみの　ことばを　おぼえよう！

21 文(ぶん)の　くみ立(た)て①

月(がつ)　日(にち)	なまえ
はじめ　じ　ふん	
おわり　じ　ふん	
かかった じかん　ふん	
とくてん	てん

1 「なにが」に　あたる　ことばに、——を　ひきましょう。（ひとつ　8てん）

① とりが　とぶ。

② さかなが　およぐ。

③ ねこが　ニャー(にゃあ)と　なく。

2 「どうする（どうした）」に　あたる　ことばに、——を　ひきましょう。（ひとつ　7てん）

① ぼくは　じてんしゃに　のる。

② おにいさんが　ノート(のうと)に　かん字(じ)を　かく。

③ ともだちが　ろうかで　ハンカチ(はんかち)を　ひろった。

④ わたしは　いもうとと　こうえんで　あそんだ。

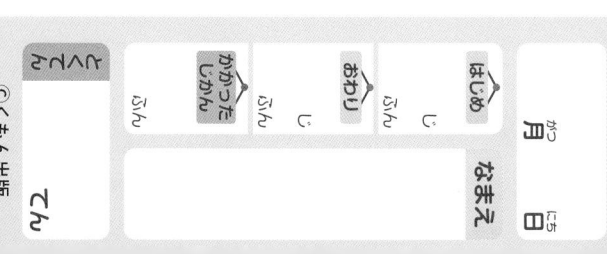

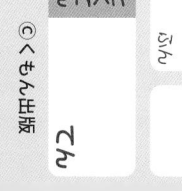

3 「だれが」に あたる ことばを かきましょう。（ひとつ 8てん）

① わたしが 本（ほん）を よむ。（わたしが）

② いもうとが はなしを する。（　　　）

③ ぼくが かばんを もつ。（　　　）

4 「どうする（どうした）」に あたる ことばを かきましょう。（ひとつ 8てん）

① ぼくが ボール（ぼうる）を ける。（ける）

② おかあさんが 字（じ）を かいた。（　　　）

③ おとうとは すなばで あそぶ。（　　　）

「なにが（なには） どうする。」や 「だれが（だれは） どうする。」の 文（ぶん）を、 たくさん つくって みよう。

22 文の くみ立て②

月　日　なまえ

はじめ　じ　ふん　おわり　じ　ふん　かかった じかん　ふん

とくてん　てん

1 えに あう ことばを、〇で かこみましょう。
（①は 2てん、②・③は ひとつ 4てん）

① 
ぼくが ｛いすを／はこを｝ もつ。

② 
きのう、｛ノートを／てがみを｝ かいた。

③ 
虫が ｛いけで／にわで｝ ないて いる。

2 つぎの 文の 「なにを」に あたる ことばを かきましょう。
（ひとつ 10てん）

① わたしが ごみを すてる。
（ごみを）

② ともだちが ぼうしを かぶる。
（　　　）

③ おとうとが おかしを たべる。
（　　　）

3 つぎの 文（ぶん）の 「いつ」に あたる ことばを かきましょう。（ひとつ 10てん）

① あさ、ぼくは パン（ぱん）を たべた。（あさ）

② きょう、いもうとは ともだちと あそんだ。（　　）

③ あした、音（おん）がくかいが ある。（　　）

4 つぎの 文（ぶん）の 「どこで」に あたる ことばを かきましょう。（ひとつ 10てん）

① ぼくは こうえんで あそんだ。（こうえんで）

② 赤（あか）ちゃんが へやで ねて いる。（　　）

③ わたしは ろうかで ともだちに ぶつかった。（　　）

4の 「どこで」は、ばしょの ことだよ。ばしょを あらわす ことばを 見（み）つけよう。

23 文の くみ立て③

月　日

なまえ

はじめ　じ　ふん
おわり　じ　ふん
かかった じかん　ふん

とくてん　てん

1 ●に、「が」の 入る 文を 三つ えらんで、○を つけましょう。（ひとつ 4てん）

ア（　　）さかな ● およぐ。
イ（　　）ごはん ● たべる。
ウ（　　）かいもの ● いく。
エ（　　）女の子 ● わらう。
オ（　　）なわとび ● する。
カ（　　）ひこうき ● とぶ。

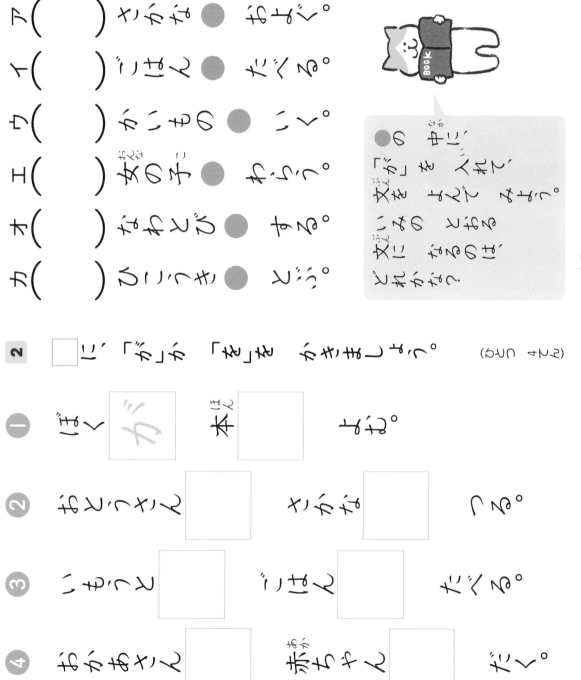

●の 中に、
「が」を 入れて、
文を よんで みよう。
いみの とおる
文に なるのは、
どれかな？

2 □に、「が」か 「を」を かきましょう。（ひとつ 4てん）

① ぼく［が］ 本［　］ よむ。
② おとうさん［　］ さかな［　］ つる。
③ いもうと［　］ ごはん［　］ たべる。
④ おかあさん［　］ 赤ちゃん［　］ だく。

文をかく力

3 □に、「で」「に」「を」の　どれかを　かきましょう。（ひとつ　4てん）

① ひろば□　サッカーを　する。

② かばん□　本を　入れる。

③ ねこ□　えさ□　やる。

4 「なにが」「だれが」に ―― を、「どうする（どうした）」に 〰〰 を　ひきましょう。（ひとつ　5てん）

〈れい〉　とりが　空を　とぶ。

① さかなが　すいすい　およぐ。

② 先生が　ピアノを　ひいた。

③ ぼくが　おつかいに　いく。

④ きのう、白い　花が　さいた。

「なにが　どうする。」「だれが　どうする。」の　かたちの　文を　つくって　みよう。

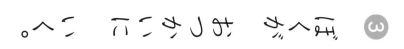

24 文(ぶん)の くみ立(た)て④

月　日　なまえ
はじめ　じ　ふん　おわり　じ　ふん　かかった じかん　ふん
とくてん　てん

1 ――の ことばを くわしく して いる ことばに、――を ひきましょう。
（❶は 4てん、❷・❸は ひとつ 6てん）

――の ことばの ようすを あらわして いる ことばだよ。

❶ くろい ねこが なく。

❷ きれいな 花(はな)が さく。

❸ まるい ボール(ぼうる)が ころがる。

2 ――の ことばを くわしく して いる ことばを、かきましょう。
（ひとつ 10てん）

❶ たかい 山(やま)が 見(み)える。
（　　　　　　）

❷ 赤(あか)い ふうせんが とんで いく。
（　　　　　　）

❸ ぼくは、あさい プール(ぷうる)で およいだ。
（　　　　　　）

3 えを 見(み)て、□の ことばが くわしく して いる ことばを、◯で かこみましょう。 (ひとつ 8てん)

①ぱくぱく
{ たべる。（◯） / はしる。 }

②ぺろぺろ
{ なでる。 / なめる。 }

③チュンチュン(ちゅんちゅん)
{ なく。 / とぶ。 }

4 文をかく力

——の ことばが くわしく して いる ことばを かきましょう。 (ひとつ 10てん)

① さらを ごしごし あらう。

（　　　　　　　）

② かみなりが ぴかっと ひかる。

（　　　　　　　）

③ たいこを ドンドン(どんどん) たたく。

（　　　　　　　）

3の □や、**4**の ——の ことばは、ようすや 音(おと)を あらわす ことばだよ。なにを する ようすや 音(おと)を あらわして いるのかな？

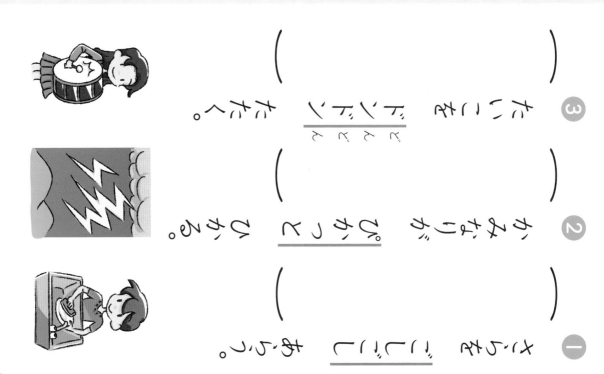

25

しあげドリル④

がつ　月　にち　日
なまえ
はじめ　じ　ふん
おわり　じ　ふん
かかった じかん　ふん
とくてん　てん

1 □の 文しょうを よんで、もんだいに こたえましょう。

きょう、わたしは、こうえんで
白い 犬と あそんだ。
わたしが、犬を やさしく
なでた。すると、犬は、
うれしそうに しっぽを ふった。

① 「だれが(だれは)」や 「なには」に あたる ことばに、――を ひきましょう。 (ひとつ 8てん)

② 「どうした」に あたる ことば 三つに、〰〰を ひきましょう。 (ひとつ 8てん)

よみとる力
③ 犬は、うれしそうに なにを ふりましたか。 (12てん)

うれしそうに (　　　　) を ふった。

2 □の 文しょうを よんで、もんだいに こたえましょう。

きのう、ぼくは ふろそうじを した。
ぼくは、ふろを ごしごし あらった。
ぴかぴかの ふろを 見て、
おかあさんが よろこんだ。
ぼくは、また ふろそうじを
しようと おもった。

1 「いつ」に あたる ことばに、——を ひきましょう。（10てん）

2 「ぼく」は、「なに」を したのですか。（10てん）

（　　　　　）

よみとる力
3 「ぼく」が ふろを あらって いる ようすが わかる ことばに、══を ひきましょう。（10てん）

よみとる力
4 おかあさんは、ふろを 見て、「どうした」のですか。その ぶぶんに、〰〰を ひきましょう。（10てん）

「だれが」「いつ」「なにを」「どのように」「どうした」かに 気を つけて よむと、文しょうを しっかり よみとれるように なるよ。

かなづかい①

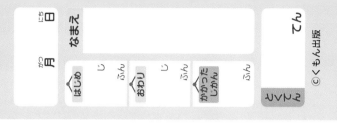

1 ――の　かなづかいが　正(ただ)しい　ことばを、（　）で　かこみましょう。（ひとつ　5てん）

① 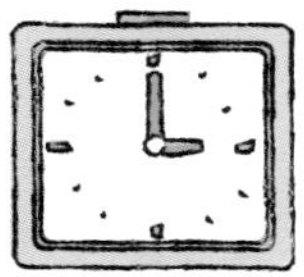
とけい
とけえ

② 
こうろぎ
こおろぎ

③ 
ちじむ
ちぢむ

④ 
かんずめ
かんづめ

2 かなづかいの　正(ただ)しい　字(じ)を、〈　〉から　えらんで、□に　かきましょう。（ひとつ　5てん）

① 
〈じ・ぢ〉□めんに　こ〈う・お〉□りを　おとす。

② 
おと〈う・お〉□とが　つま〈ず・づ〉□く。

③ 
おね〈い・え〉□さんと　いも〈う・お〉□と。

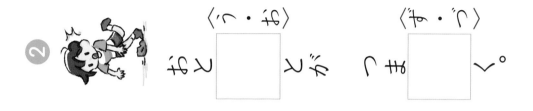

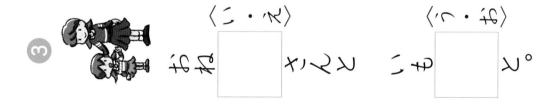

文をかく力

3 ――の　かなづかいは、まちがって　います。正(ただ)しい　字(じ)に　かきなおしましょう。（ひとつ　6てん）

〈れい〉　おとおとが　うたを　うたう。　う

① づこうの　ぢかんが　すきだ。

② きれえな　みかずきが　みえた。

③ おおさまの　はなしは、まだ　つずいた。

4 〔　〕から、かなづかいの　まちがって　いる　ことばを　一(ひと)つ　えらんで、正(ただ)しく　かきなおしましょう。（ひとつ　7てん）

① 〔おうかん・すいどう　こうてい・おうかみ〕 →（　　　　）

② 〔こおろぎ・ほおたい　おおぜい・おおきい〕 →（　　　　）

「う」と「お」、「じ」と「ぢ」、「ず」と「づ」などを　つかった　ことばを　あつめて　みよう。

27 かなづかい②

月　日　なまえ

はじめ　じ　ふん　おわり　じ　ふん　かかった じかん　ふん　とくてん　てん

1 ―の かなづかいが 正(ただ)しい ほうに、○を つけましょう。（ひとつ 6てん）

①
（　）ぼくは、サッカー(さっかあ)が すきだ。
（　）ぼくわ、サッカー(さっかあ)が すきだ。

②
（　）ふたりで にもつお はこぶ。
（　）ふたりで にもつを はこぶ。

③
（　）ともだちと 学校(がっこう)え いく。
（　）ともだちと 学校(がっこう)へ いく。

2 かなづかいの 正(ただ)しい 字(じ)を、〈 〉から えらんで、□に かきましょう。（ひとつ 6てん）

① 〈お・を〉□うさまが ふく〈お・を〉□ きる。

② に〈わ・は〉□とりが 大(おお)きな こ〈え・へ〉□で なく。

③ ぼくたち〈わ・は〉□ どうぶつえん〈え・へ〉□ いく。

3 ――の　かなづかいが　正しい　文を　二つ　えらんで、〇を　つけましょう。（ひとつ　5てん）

ア（　）ボールを　とおくえ　とばした。

イ（　）おにいさんが　ハムスターお　かう。

ウ（　）先生は、中にわで　本を　よんで　いた。

エ（　）おねえさんわ、きれいな　ふくを　きた。

オ（　）おとうとは　ようちえんへ　いった。

文をかく力

4 かなづかいが　まちがって　いる　字に　――を　ひいて、右がわに　正しい　字を　かきましょう。（ひとつ　6てん）

〈れい〉　ぼくわ（は）　くつお（を）　はいた。

1 わたしわ　こうえんえ　いった。

2 おとうさんお　むかえに　えきえ　いく。

3 きのうわ　ゲームお　して　あそんだ。

「わ」と　よむ　「は」、「お」と　よむ　「を」、「え」と　よむ　「へ」は、かならず　ことばの　あとに　つくよ。

28 まる（。）、てん（、）の つかいかた

月　日　なまえ

はじめ　じ　ふん　おわり　じ　ふん　かかった じかん　ふん

とくてん　てん

1 まる（。）と　てん（、）の　つかいかたが　正しい　ほうに、◯を　つけましょう。（ひとつ　5てん）

① （　）雨が。だんだん　つよく　なって　きた、
（　）雨が、だんだん　つよく　なって　きた。

② （　）ある　日。きれいな　花が　さいた、
（　）ある　日、きれいな　花が　さいた。

2 □に、まる（。）か　てん（、）を　かきましょう。（ひとつ　6てん）

まる（。）は、文の　おわりに　つけるよ。

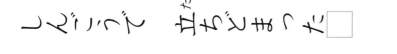

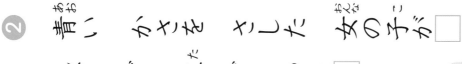

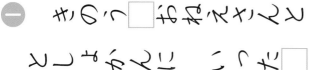

① きのう□おねえさんと　としょかんに　いった□

② 青い　かさを　さした　女の子が□　しんごうで　立ちどまった□

③ かぜが　つよく　なって□　空が　くらく　なって　きた□

3 つぎの 文で、てん（、）を つけた ほうが よい □に、てん（、）を 一つずつ かきましょう。（ひとつ 6てん）

1 子犬が□クンクン□ないて いる。

2 こうえんに いくと□たかしくんが□まって いた。

3 あさ□おとうさんと□いえの ちかくを はしった。

文をかく力

4 つぎの 文に、まる（。）と てん（、）を 一つずつ かきましょう。（ひとつ 6てん）

1 〔きょう おかあさんと かいものに いった〕

2 〔ぼうしを かぶった 男の子が むこうから はしって きた〕

3 〔空が きゅうに くもって きて 雨が ザーッと ふって きた〕

てん（、）は、文の いみの きれめに つけるよ。すこし あいだを あけて よむように しよう。

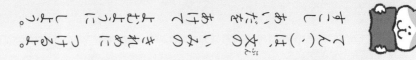

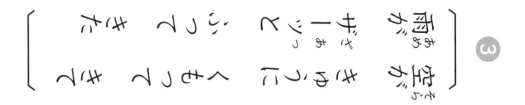

29 かぎ(「　」)の つかいかた

月　日　なまえ
はじめ　じ　ふん　おわり　じ　ふん　かかった じかん　ふん
とくてん　てん

1 かぎ(「　」)の　つけかたが　正しい　ほうに、◯を　つけましょう。（10てん）

①
（　　）わたしは、いただきます。「と　いった。」
（　　）わたしは、「いただきます。」と　いった。

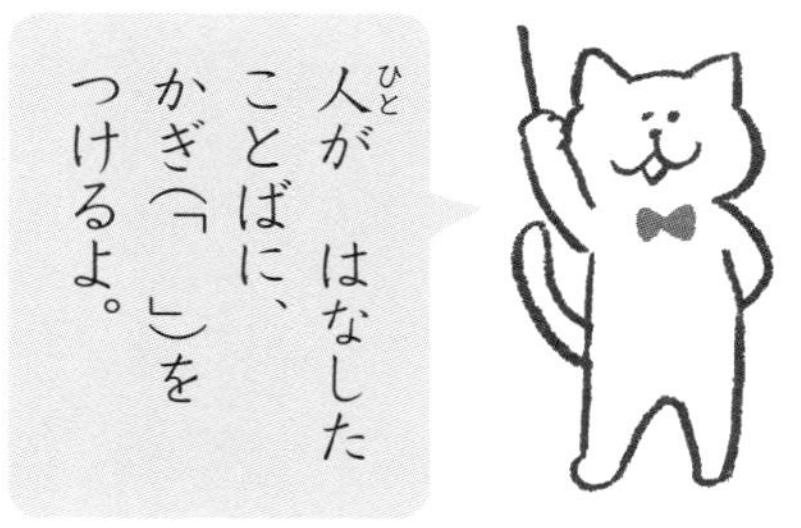

2 つぎの　文しょうに、かぎ(「　」)を　ひとくみずつ　かきましょう。（ひとくみ　15てん）

①
早く　いこうよ。
と、おにいさんが　いった。

②
クラスの　みんなが、
さようなら。
と　いって、手を　ふった。

つぎの〔 〕の 文しょうに、かぎ(「 」)を つけて、□に かきましょう。

(ぜんぶ できて ひとつ 30てん)

①

〔たろうくんが、
いただきます。
と、大ごえで いった。〕

たろうくんが、

てん(、)や まる(。)、かぎ(「 」)も □に 一つずつ かくよ。まると あとの かぎは、ひとます□に かくよ。

②

〔さようなら。
と、わたしが いうと、
また、あした。
と、あきなさんが いった。〕

人が いった ことばや、おもった ことばに かぎ(「 」)を つけるよ。だれが、なんと いったのかに、気を つけよう。

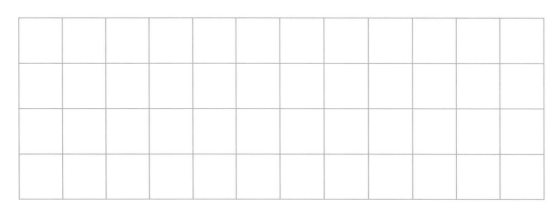

30

文(ぶん)の　おわりの　いいかた

がつ　月　にち　日

なまえ

はじめ　じ　ふん　おわり　じ　ふん　かかった　じかん　ふん

とくてん　てん

1 すぎた　ことを　あらわす　いいかたの　文(ぶん)に、◯を　つけましょう。（ひとつ　6てん）

① （　）ともだちが　ぼくを　よぶ。
（　）ともだちが　ぼくを　よんだ。

② （　）みせで　ジ(じ)ュ(ゅ)ー(う)ス(す)を　かった。
（　）みせで　ジ(じ)ュ(ゅ)ー(う)ス(す)を　かおう。

2 ――の　ことばを、すぎた　ことを　あらわす　いいかたに　かきかえましょう。（ひとつ　8てん）

① かみに　字(じ)を　かく。（かいた）

② こうえんで　あそぶ。（　）

③ キ(き)ャ(ゃ)ラ(ら)メ(め)ル(る)を　たべる。（　）

④ あさ　早(はや)く、おきる。（　）

3 ていねいな いいかたの 文(ぶん)に、○を つけましょう。（ひとつ 8てん）

1
（　）かみひこうきを つくる。
（　）かみひこうきを つくります。

2
（　）先生(せんせい)が 本(ほん)を よむ。
（　）先生(せんせい)が 本(ほん)を よみます。

3
（　）これは、ぼくの ぼうしです。
（　）これは、ぼくの ぼうしだ。

4 ――のことばを、ていねいな いいかたに かきかえましょう。（ひとつ 8てん）

1 たいこを たたく。（たたきます）

2 コップ(こっぷ)を あらう。（　　）

3 ボール(ぼうる)を なげる。（　　）

4 これは かさだ。（　　）

ていねいな いいかたは、文(ぶん)の おわりが 「〜ます」や 「〜です」に なるよ。

31 しあげドリル⑤

月　日　なまえ

はじめ　じ　ふん　おわり　じ　ふん　かかった じかん　ふん

とくてん　てん

1 □の 文しょうを よんで、もんだいに こたえましょう。

わたしわ、みちに おちて いた ごみお
（は）
みつける。わたしは、その ごみを
（みつけた）
ひろう。すると、おとおさんが、
えらいね。
と いって、ほめて くれた。

文をかく力

① かなづかいの まちがいが 三字 あります。――を ひいて、右がわに 正しく かきましょう。（ひとつ 6てん）

② ――の ことばを すぎた いいかたに かえて、――の 右がわに かきましょう。（ひとつ 10てん）

③ かぎ（「　」）を 入れわすれた 文が あります。かぎ（「　」）を ひとくみ かきましょう。（10てん）

2 □の 文（ぶん）しょうを よんで、もんだいに こたえましょう。

おかあさんが こずかいお くれた。

づ　くれました

ぼくは□おみせえ いって、

その お金（かね）で かきごうりを

たべた□

① かなづかいの まちがいが 四字（よじ） あります。
——を ひいて、右（みぎ）がわに 正（ただ）しく かきましょう。
（ひとつ 5てん）

② ——の ことばを ていねいな いいかたに
かえて、——の 右（みぎ）がわに かきましょう。
（ひとつ 10てん）

③ □に、てん（、）か まる（。）を
かきましょう。
（ひとつ 6てん）

2 ②ていねいな いいかたを おぼえて、さく文（ぶん）を かく ときに
つかえるように しよう。

32 カタカナの ことば①

月　日

なまえ

はじめ　じ　ふん

おわり　じ　ふん

かかった じかん　ふん

とくてん　てん

1 えに あう カタカナの ことばを えらんで、●—●で むすびましょう。（ひとつ 10てん）

① 

③ 

オムレツ

ライオン

クレヨン

ハンカチ

② 

④ 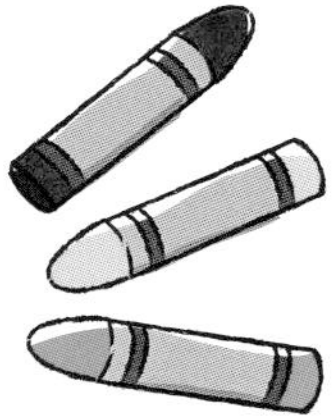

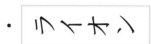

2 えの ことばを、カタカナで かきましょう。（ひとつ 10てん）

① 

か め ら

カ

② 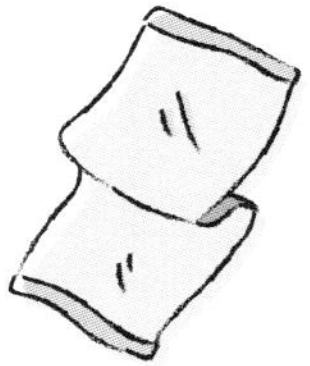

た お る

タ

③ 

ま す く

マ

「カ」と 「か」など、ひらがなと にて いる カタカナも あるよ。

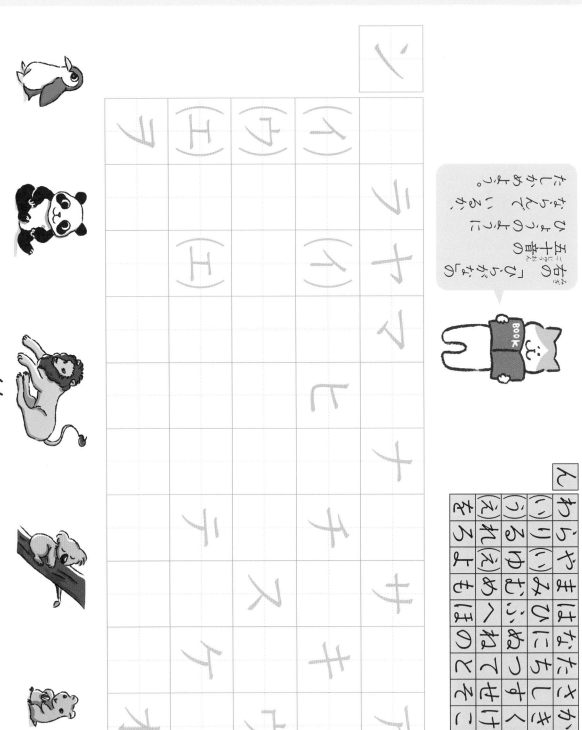

3 □に　カタカナを　かいて、「五十音」の　ひょうを　つくりましょう。（うすい　字は　なぞりましょう。）（ぜんぶ　かいて　30てん）

あ	い	う	え	お
か	き	く	け	こ
さ	し	す	せ	そ
た	ち	つ	て	と
な	に	ぬ	ね	の
は	ひ	ふ	へ	ほ
ま	み	む	め	も
や	(い)	ゆ	(え)	よ
ら	り	る	れ	ろ
わ	(い)	(う)	(え)	を
ん				

右の「ひらがな」の五十音のひょうのようにならんで　いるか、たしかめよう。

ア		ウ		オ
	キ		ケ	
サ		ス		
	チ		テ	
ナ				
	ヒ			
マ				
ヤ	(イ)		(エ)	
ラ				
	(イ)	(ウ)	(エ)	ヲ
ン				

「ペン」「ノート」「けしゴム」のように、ふだん　つかって　いる　もので、カタカナで　かく　ことばを　さがして　みよう。

33 カタカナの ことば②

がつ　にち
月　日

なまえ

はじめ　じ　ふん
おわり　じ　ふん
かかった じかん　ふん

とくてん　てん

1 つぎの ひらがなを カタカナで かきましょう。（ひとつ 4てん）

① う →
② か →
③ き →
④ せ →
⑤ も →
⑥ や →

2 □に「゛」や「゜」の つく カタカナを かきましょう。（ひとつ 6てん）

① 
ば（　）す（ス）

② 
ぴ（　）ざ（　）

③ 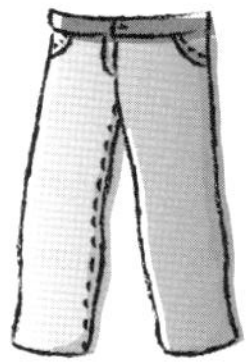
ず（　）ぼ（　）ん（ン）

④ 
ぺ（　）ん（ン）ぎ（　）ん（ン）

「゛」や「゜」は、さいごに かくよ。

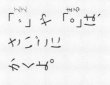

3 えの ことばを カタカナで かきましょう。（ひとつ ７てん）

①かあてん

カー□□□□ヤツ

②しゃべる

シ□□□

③ほっとけえき

ホ□□ケー□

④ちゅうりっぷ

チ□□□□□

小さい「ヤ・ユ・ヨ・ツ」は、ますめの 右上に かくよ。

文をかく力

4 ──の カタカナは まちがって います。右がわに 正しい カタカナを かきましょう。（ひとつ ６てん）

① クオルを アフラーみたいに まく。（タ）

② リボソが ついた ワンピーヌを きる。

3 ①の「かあ」、③の「けえ」、④の「ちゅう」の のばす 音は、カタカナでは「ー」を つかって かくよ。

34 カタカナの　ことば③

月　日　なまえ
はじめ　じ　ふん　おわり　じ　ふん　かかった じかん　ふん
とくてん　てん

1 つぎの　なきごえや　ものの　音を、カタカナで　かきましょう。

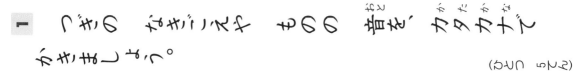

（ひとつ　5てん）

① わんわん

（　　　）

② こんこん

（　　　）

③ けろけろ

（　　　）

④ がちゃん

（　　　）

文をかく力

2 カタカナで　かく　ことばを　二つずつ　見つけて、カタカナで　かきましょう。

（ひとつ　5てん）

① あさは、とうすとに　ばたあを　ぬって　たべた。

（　　　）・（　　　）

② せんせいの　ひく　ぴあのに　あわせて、はあもにかを　ふいた。

（　　　）・（　　　）

3 [ ] の ことばを、つぎの 1〜4の なかまに わけて カタカナ（かたかな）で かきましょう。 （ひとつ 5てん）

よっと・ばけつ・ごりら・どうなつ
ぱんだ・こっぷ・ぼうと・ぺんぎん
ぷりん・てれび・ばす・じゅうす

1 どうぶつ。
（　　）（　　）（　　）

2 のりもの。
（　　）（　　）（　　）

3 たべものや のみもの。
（　　）（　　）（　　）

4 いえの 中（なか）に ある どうぐ。
（　　）（　　）（　　）

1 なきごえや ものの 音（おと）は、カタカナ（かたかな）で かくよ。3 カタカナ（かたかな）で かく ことばは、がいこくから 入（はい）って きた ものが おおいよ。

35

しあげドリル⑥

月　日　なまえ

はじめ　じ　ふん
おわり　じ　ふん
かかったじかん　ふん

とくてん　てん

1 □の 文しょうを よんで、もんだいに こたえましょう。

きのう、ものれえるに のって
どうぶつえんに いった。
どうぶつえんで らいおんや
こあらを 見た。おとうさんは、
ごりらが ばななを たべる
ところを、かめらで とった。

文をかく力

① カタカナで かいた ほうが よい ことばを
六つ 見つけて、——を ひきましょう。（ひとつ 5てん）

② ①で ひいた ——の ことばを、
カタカナで かきましょう。（ひとつ 5てん）

（　　　）（　　　）（　　　）
（　　　）（　　　）（　　　）

2 □の 文しょうを よんで、もんだいに こたえましょう。

ひる休みの ちゃいむが なった。
きょうは、ともだちと ぐらうんどで
さっかあを する つもりだった。
でも、雨が ざあざあ ふって
きたので、たいいくかんで
どっじぼうるを した。

① カタカナで かいた ほうが よい ことばを 五つ 見つけて、——を ひきましょう。（ひとつ 4てん）

② ①で ひいた ——の ことばを、カタカナで かきましょう。（ひとつ 4てん）

（　　）（　　）（　　）（　　）（　　）

「ざあざあ」は、雨の 音を あらわして いるよ。

カタカナでは、のばす 音は 「ー」を つかって かくよ。また、小さい 「ゃ・ゅ・ょ・っ」を、大きく かかない ように しよう。

36 かん字の　ことば

1 えに　あう　かん字を　•―•で　むすびましょう。（ひとつ　4てん）

① 

② 

③ 

④ 

犬　本　竹　車

2 つぎの　かたちから　できた　かん字を　かきましょう。（ひとつ　5てん）

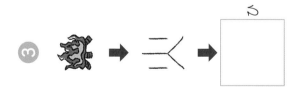

①  → □ き

②  → □ やま

③  → □ ひ

④  → □ かわ

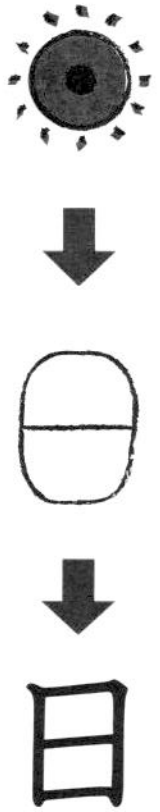

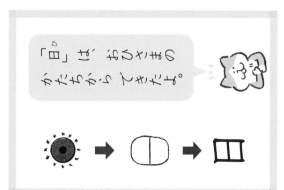

「日」は、おひさまの かたちから できたよ。

3 ――の　かん字の　よみがなを　かきましょう。（ひとつ　5てん）

① 川の　水。（みず）　ふん水。（　　　）

② ものの　音。（　　　）　音がく。（　　　）

③ 車に　のる。（　　　）　でん車。（　　　）

④ 青空。（　　　）　空気。（　　　）

4 ――の　ことばを、かん字と　ひらがなで　かきましょう。（ひとつ　8てん）

① 日かげで　やすむ。（休む）

② こたえが　ただしい。（　　　）

③ 子ねこが　うまれる。（　　　）

4のように、かん字に　つける　かなの　ことを　「おくりがな」と　いうよ。かん字と　いっしょに　おぼえよう。

37 かん字(じ)の　かたち

月(がつ)　日(にち)　なまえ

はじめ　じ　ふん
おわり　じ　ふん
かかった じかん　ふん
とくてん　てん

1 □の　かたちを　もつ　かん字(じ)を　かきましょう。（ひとつ　3てん）

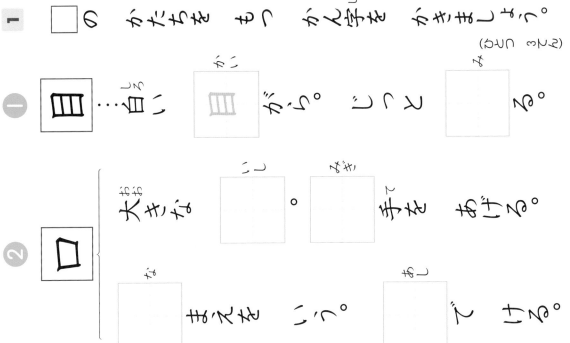

① 目…白(しろ)い　[目](かい)がら。　じっと　[　](み)る。

② 口
- 大(おお)きな　[　](いし)。　[　](みぎ)手(て)を　あげる。
- [　](な)まえを　いう。　[　](あし)で　ける。

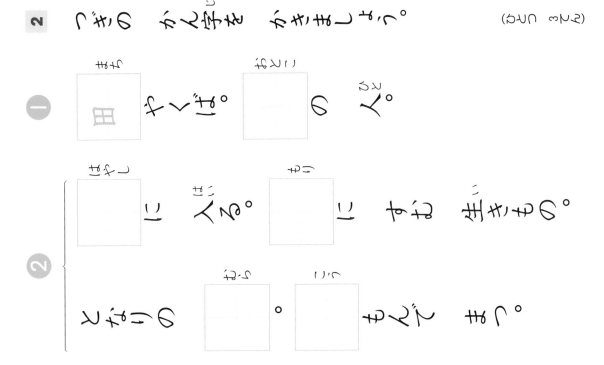

2 つぎの　かん字(じ)を　かきましょう。（ひとつ　3てん）

① [田](まち)やくば。　[　](おとこ)の　人(ひと)。

②
- [　](はやし)に　入(はい)る。　[　](もり)に　すむ　生(い)きもの。
- となりの　[　](むら)。　[　](こう)もんで　まつ。

3 かたちに 気(き)を つけて、□に かんじを かきましょう。（ひとつ 5てん）

① □(だい) すきな うた。 □(いぬ) を かう。

② □(もく) よう日(び)。 □(ほん) を よむ。

③ □(かい) がら。  よく □(み) える。

④ □(じ) を かく。 小(しょう) □(がく) 一年生(いちねんせい)。

4 かんじの まちがいに ――を ひいて、みぎがわに 正(ただ)しく かきましょう。（ひとつ 4てん）

① さかの 土(うえ)から 青(あお)い ビー王(だま)を ころがす。 （上）

② 百(しろ)い とりが、川(かわ)で 小(みず)あびを して いた。

③ 車(くるま)は 左(ひだり)がわ、入(ひと)は 石(みぎ)がわを とおる。

かたちの よく にた かんじは、よみかたや つかいかたの ちがいを しっかり おぼえよう。

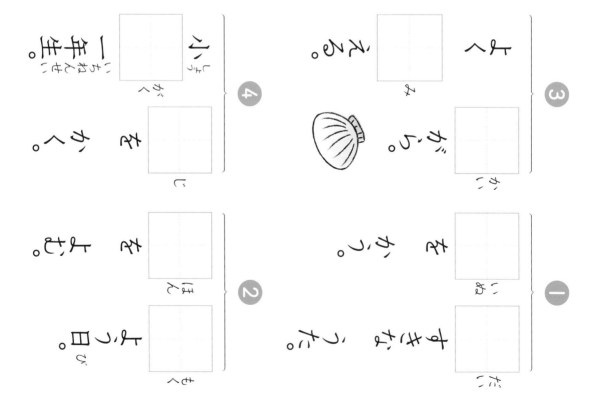

38 なかまの かん字①

がつ 月　にち 日

なまえ

はじめ　じ　ふん
おわり　じ　ふん
かかった じかん　ふん

とくてん　てん

1 しぜんに つながりの ある かん字を かきましょう。（ひとつ 5てん）

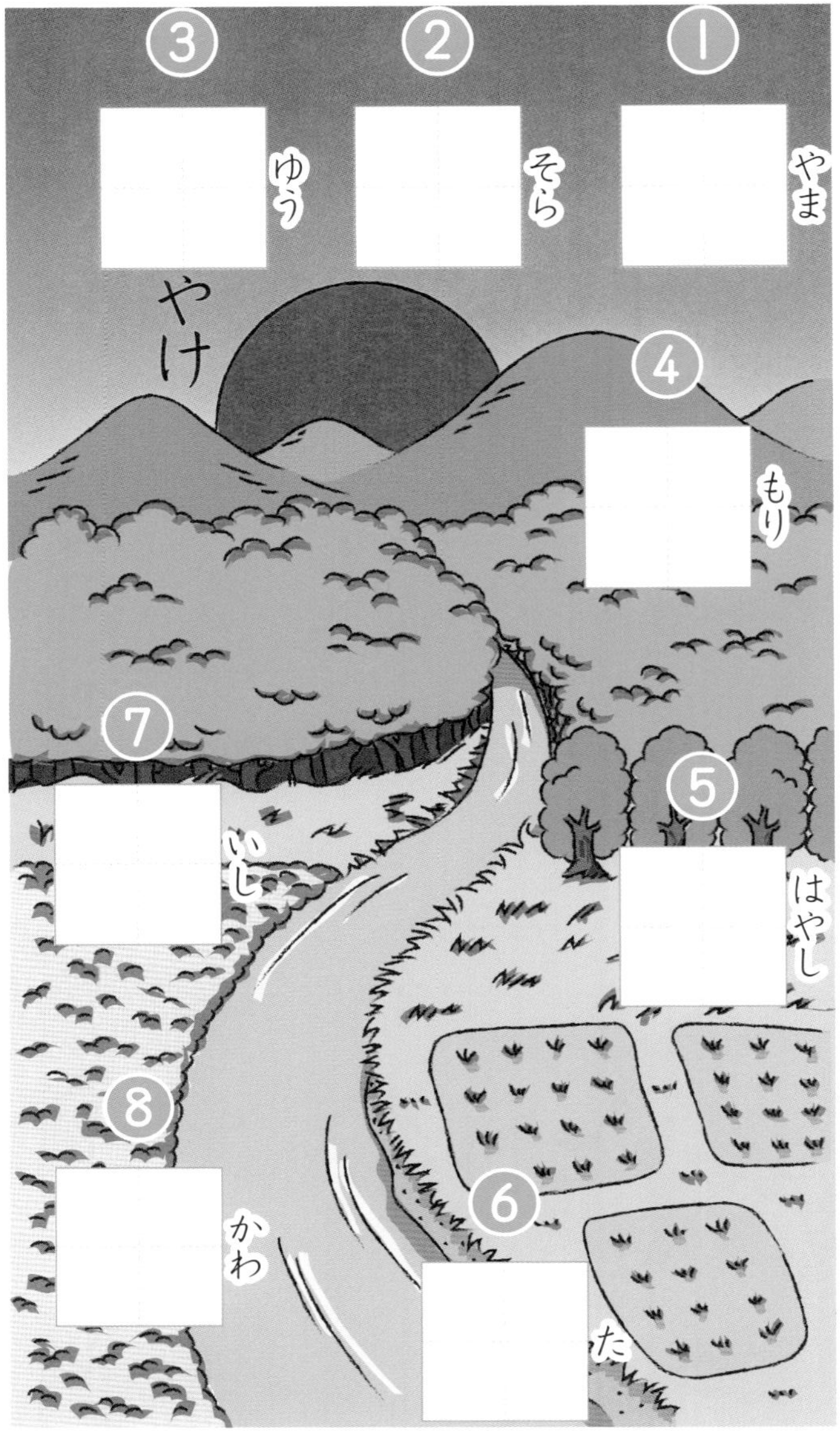

2 人(ひと)を あらわす かん字を かきましょう。（ひとつ 4てん）

① おとこ

② おんな

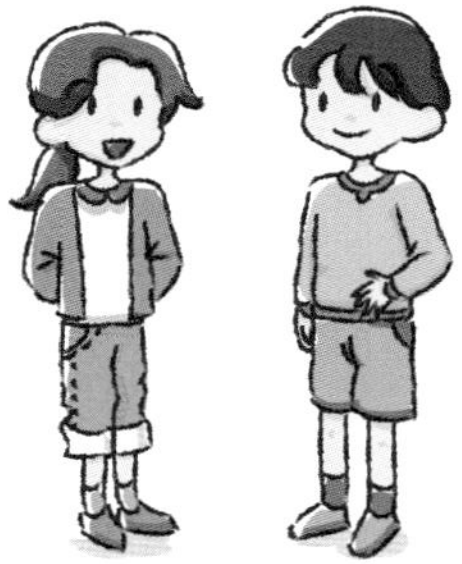

③ せん せい

④ こ ども

3 からだの　ぶぶんを　あらわす　かん字(じ)を　かきましょう。（ひとつ　4てん）

① □（め）

② □（くち）

③ □（みみ）

④ □（て）

⑤ □（あし）

4 はんたいの　いみの　ことばを　かん字(じ)で　かきましょう。（ひとつ　4てん）

① □（うえ）を　見(み)る。 ⟷ □（した）を　見(み)る。

② □（で）る ⟷ □（はい）る

③ □（おお）きい ⟷ □（ちい）さい

なかまの　かん字(じ)は、いっしょに　おぼえるように　しよう。

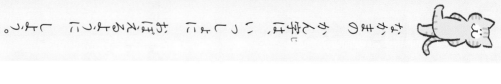

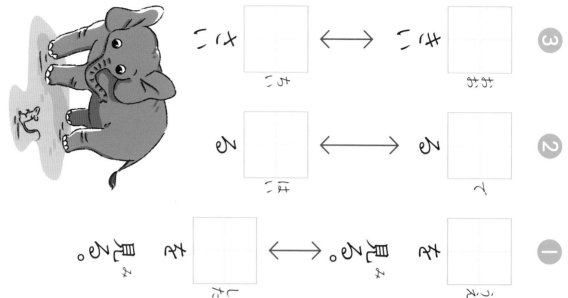

39 なかまの　かん字②

月　日

なまえ

はじめ　じ　ふん
おわり　じ　ふん
かかった じかん　ふん

とくてん　てん

1 日づけの　よびかたを　かきましょう。（ひとつ　5てん）

① 三日（　　）
② 五日（　　）
③ 六日（　　）
④ 八日（　　）
⑤ 九日（　　）
⑥ 十日（　　）

2 よう日を　あらわす　かん字を　かきましょう。（ひとつ　5てん）

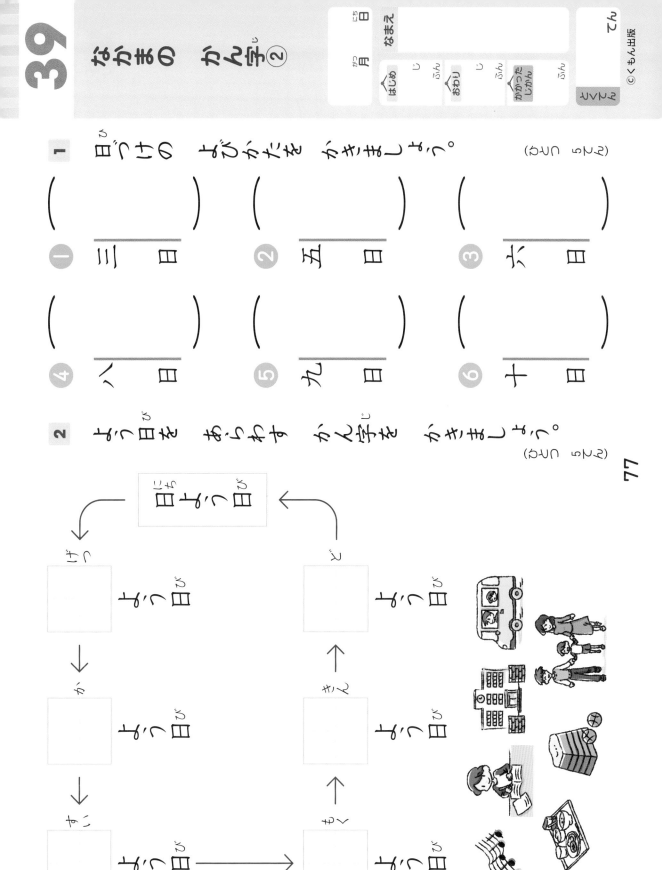

日よう日 → げつ［　］よう日 → か［　］よう日 → すい［　］よう日 → もく［　］よう日 → きん［　］よう日 → ど［　］よう日 → 日よう日

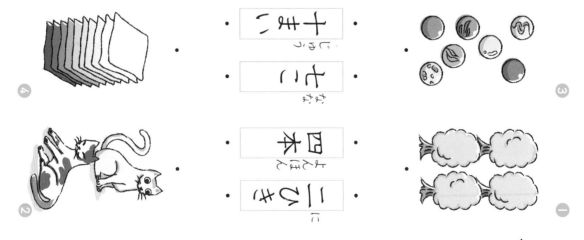

3 えに　あう　かぞえかたを　えらんで、●―●で　むすびましょう。　（ひとつ　５てん）

① 

② 

③ 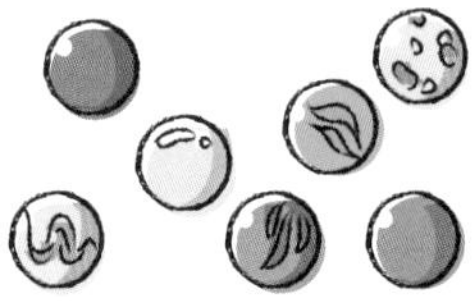

④ 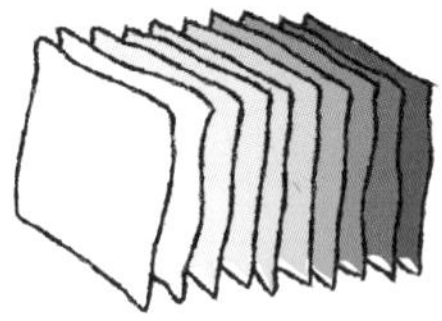

- 二ひき（に）
- 四本（よんほん）
- 七こ（なな）
- 十まい（じゅう）

4 つぎの　えの　かずと　かぞえかたを　かきましょう。かずは　かん字で　かきましょう。　（ひとつ　５てん）

① 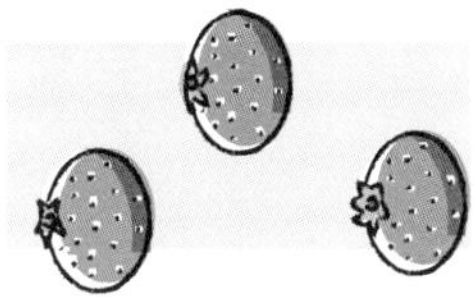

（　三こ　）

② 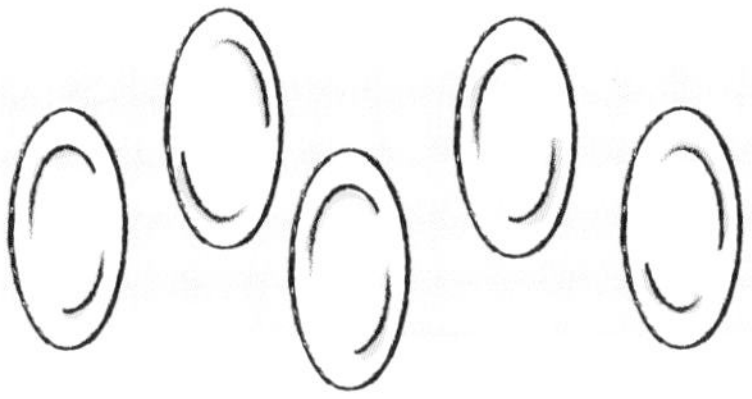

（　　　　）

③ 

（　　　　）

④ 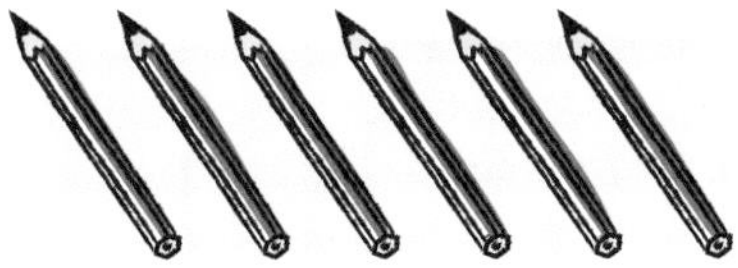

（　　　　）

くつは　「そく（ぞく）」、はしは　「ぜん」、本（ほん）は　「さつ」など、かぞえかたは　ほかにも　いろいろ　あるよ。

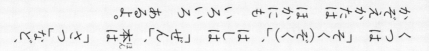

40 しあげドリル⑦

月　日

なまえ

はじめ　じ　ふん

おわり　じ　ふん

かかった じかん　ふん

とくてん　てん

1 □の 文しょうを よんで、もんだいに こたえましょう。

木

本の 上で、百い とりが
ひとやすみして いる。おとうとが
貝つけて、おおきな こえを 出した。
すると、とりは 石に ある
村の 虫へ とんで いった。

文をかく力

① かん字の まちがいが 六字 あります。
——を ひいて、みぎがわに 正しく かきましょう。
（ひとつ 6てん）

② 「やすみ」「おおきな」を かん字と ひらがなで、
——の みぎがわに かきましょう。
（ひとつ 10てん）

2 □の 文（ぶん）しょうを よんで、もんだいに こたえましょう。

みっか

わたしは、三月（さんがつ） 三日（にち）の 日よう日（び）、

こうえんに いった。すべりだいの

そばに 一ぴきの [小さい]（ちい） ねこが

いた。[さむい] 日（ひ）だったので、

ねこは ふるえて いた。

① ――の かん字（じ）の よみがなを、――の 右（みぎ）がわに かきましょう。（ひとつ 8てん）

② 「よう日（び）」を あらわす ことばに、――を ひきましょう。（8てん）

③ □と はんたいの いみの ことばを、□の 右（みぎ）がわに かきましょう。（ひとつ 10てん）

1 ① かたちの にた かん字（じ）は かきまちがえやすいので、かたちの ちがいや よみかたを しっかり おぼえよう。

テスト①

月　日　なまえ

はじめ　じ　ふん　おわり　じ　ふん　かかった じかん　ふん　とくてん　てん

1　つぎの　文(ぶん)しょうを　よんで、もんだいに　こたえましょう。

りっちゃんは、おかあさんが　びょうきなので、なにか　いい　ことを　して　あげたいと　おもいました。

「かたを　たたいて　あげようかな。なぞなぞごっこを　して　あげようかな。くすぐって、わらわせて　あげようかな。でも、もっと　いい　ことは　ないかしら。おかあさんが、たちまち　げんきに　なって　しまうような　こと。」

① だれが　びょうきなのですか。（10てん）

（　　　　　）

② りっちゃんは、はじめ、なにを　して　あげようと　おもいましたか。あう　ものを　三(みっ)つ　えらんで、◯を　つけましょう。（ひとつ　10てん）

ア（　）かたたたき。
イ（　）じゃんけん。
ウ（　）なぞなぞごっこ。
エ（　）おはなし。
オ（　）くすぐって、わらわせる　こと。
カ（　）うたを　うたう　こと。

「だれが」「なにを」「どうした」のかを　かんがえながら、文(ぶん)しょうを　よんで　みよう。

（令和2年度版　東京書籍　あたらしい　こくご二下　6～16ページ　『サラダで　げんき』かどの　えいこ）

りっちゃんは、いっしょうけんめい　かんがえました。

あっ、そうだわ。おいしい　サラダを　つくって　あげよう。げんきに　なる　サラダを　つくって　あげよう。

りっちゃんは、れいぞうこを　あけて　中(なか)を　のぞきました。

りっちゃんは、サラダを　つくりはじめました。

3　〰〰の　ことばを　くわしく　して　いる　ことばを　かきましょう。（15てん）

（　　　　　　）

4　りっちゃんは、なにを　つくる　ことに　しましたか。（15てん）

（　　　　　　）

5　——の　ことばを、正(ただ)しい　かなづかいで　かきなおしましょう。（15てん）

（　　　　　　）

6　かぎ（「　」）を　つけわすれて　いる　ところに、かぎを　かき入(い)れましょう。（15てん）

月日	なまえ
がつ　月　にち　日	

はじめ	おわり	かかった じかん	とくてん
じ　ふん	じ　ふん	ふん	てん

1 つぎの 文(ぶん)しょうを よんで、もんだいに こたえましょう。

いろいろな じどう車(しゃ)が、どおろを はしって います。（中略）

バスや じょうよう車(しゃ)は、人(ひと)を のせて はこぶ しごとを して います。

その ために、ざせきの ところが、ひろく つくって あります。（中略）

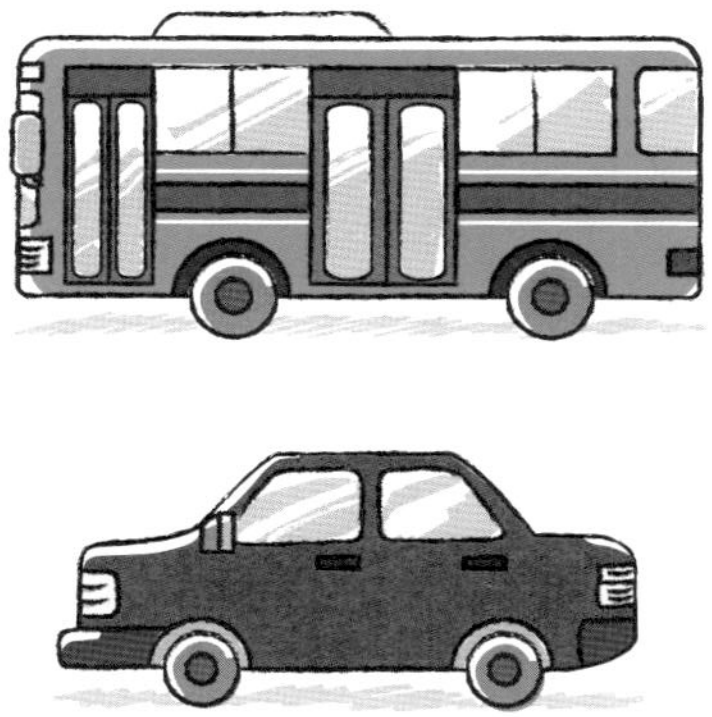

① ――の ことばを 正(ただ)しい かなづかいで かきましょう。（10てん）

（　　　　）

② バスや じょうよう車(しゃ)は、どんな しごとを して いますか。（20てん）

（　　　　しごと。）

③ バスや じょうよう車(しゃ)の ざせきの ところは、どのように つくって ありますか。（10てん）

（　　　　）つくって ある。

トラックは、にもつを　はこぶ　しごとを　して　います。

その　ために、うんてんせきの　ほかは、ひろい　にだいに　なって　います。おもい　にもつを　のせる　トラックには、タイヤが　たくさん　ついて　います。

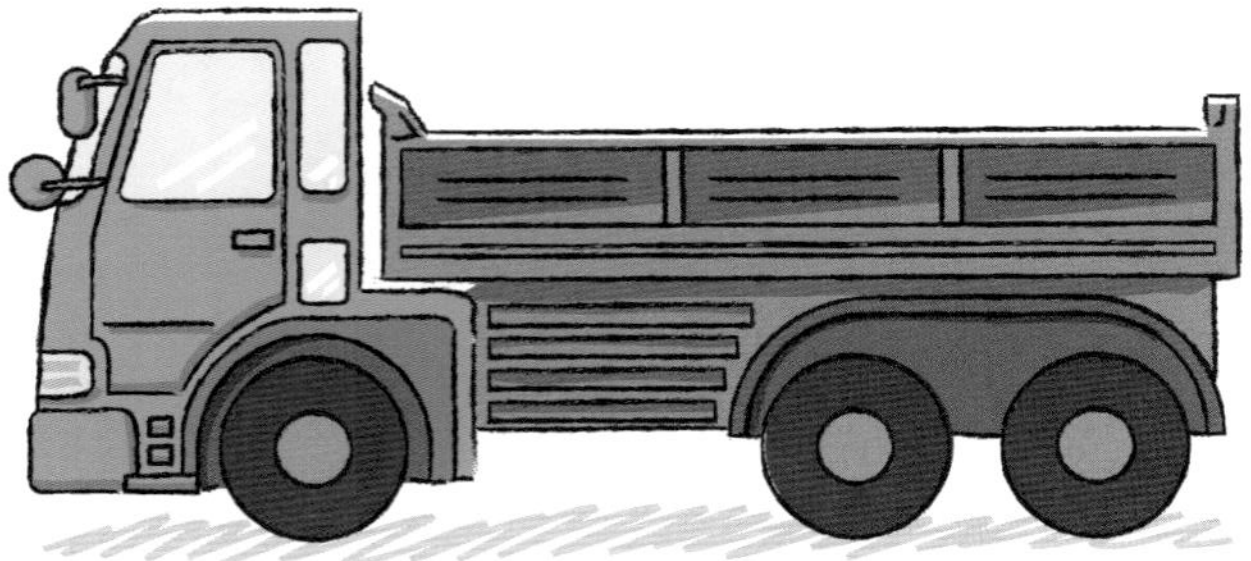

（令和2年度版　光村図書　こくご二下　ともだち　28〜31ページ『じどう車くらべ』）

4　トラックは、どんな　しごとを　して　いますか。（20てん）

［　　　　　　　　　　］

5　トラックでは、うんてんせきの　ほかは、なにに　なって　いますか。（20てん）

（　　　　　　　　　　）に　なって　いる。

6　おもい　にもつを　のせる　トラックには、なにが　たくさん　ついて　いますか。（20てん）

（　　　　　　　　　　）

どんな　じどう車（しゃ）が、どんな　しごとを　する　ために、どんな　つくりに　なって　いるかを　よみとろう。

43 テスト③

月　日

なまえ

はじめ　じ　ふん
おわり　じ　ふん
かかった じかん　ふん

とくてん　てん

1 つぎの 文しょうを よんで、もんだいに こたえましょう。

ある ところに、小さな うちが ありました。うちの まわりに 小さな はたけが あって、やさいが うえて ありました。げんかんの そばに、いつも、つりざおと 小さな ながぐつが ありました。はんたいがわの まどの 下に、いすが 一つ ありました。

① うちの まわりは、どんな ようすでしたか。（　）に あう ことばを かきましょう。（ひとつ 10てん）

小さな（　　　）が あって、（　　　）が うえて あった。

② げんかんの そばには いつも、なにが ありましたか。二つ かきましょう。（ひとつ 10てん）

（　　　）

（　　　）

この　いえには、おばあさんと　一ぴきの　ねこが　すんで　いました。おばあさんは、とても　おばあさんで、九十八さいでした。ねこは、げんきな　男の　ねこでした。ねこは、まい日、ぼうしを　かぶって、ながぐつを　はいて、つりざおを　もって、さかなつりに　いきました。

（平成27年度版　光村図書　こくご二下　ともだち　104〜121ページ『だって　だっての　おばあさん』さの　ようこ）

③ この　いえには、だれと　だれが　すんで　いましたか。（ひとつ　10てん）

（　　　　）と（　　　　）。

④ おばあさんの　年れいは、なんさいですか。（20てん）

（　　　　さい）

⑤ ねこは、まい日、なにを　しに　いきましたか。（20てん）

（　　　　）に　いった。

うちの　まわりの　ようすや、おばあさんと　ねこの　ようすを　あらわす　ことばを　しっかり　よみとろう。

1年生（ねんせい）

言葉（ことば）と文（ぶん）のきまり

こたえ

して　います。

- れいの　こたえでは、おなじような　ないようが　かけて　いれば　正（せい）かいです。
- 〈　〉は、ほかの　こたえかたです。
- ひらがなや　カタカナ（かたかな）、かん字（じ）の　ことばを　かく　もんだいでは、ぜんぶ　かけて、一（ひと）つの　正（せい）かいです。
- なぞる　文字（もじ）の　こたえは　はぶいて　います。

1　ひらがなの　ことば①　1・2ページ

1　① ② ③ ④ ⑤

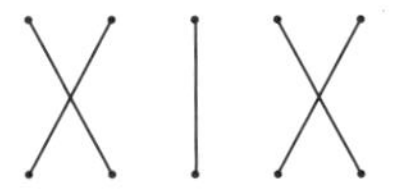

あり　いす　うし　いえ　かお

2　② あし・あめ

3　② いか・いけ

4　② うま・うみ

5　② えき・えり

6　② おに・しお

2　ひらがなの　ことば②　3・4ページ

1　② かさ・かわ

2　② きく・あき

3　② くつ・くろ

4　② たけ・おけ

5　② こい・はこ

6　② さる・さら

7　② しか・しま

8　② りす・すし

9　② せみ・あせ

10　② そり・そら

3　ひらがなの　ことば③　5・6ページ

1　② たこ・たね

2　② くち・みち

3　② つき・なつ

4　② てら・てん

5　② とら・とり

6　② なす・なべ

7　② にく・にわ

8　② いぬ・ぬの

9　② ねこ・ねぎ

10　② つの・のり

4　ひらがなの　ことば④　7・8ページ

1　② はと・はな

2　② ひも・ひる

3　② ふえ・ふろ

4　② へそ・へや

5　② ほし・ほね

6　② くま・まど

7　② みみ・みせ

8　② むし・むぎ

9　② かめ・まめ

10　② もも・もり

5　ひらがなの　ことば⑤　9・10ページ

1　② やま・こや・やきいも

2　② ゆり・ゆき・ゆめ・おゆ

3　② よん・よる・ようふく

4　② はら・ばら

5　② くり・つり

6　② つる・はる

7　② れつ・れい

8　② ろば・しろ

6 ひらがなの ことば⑥ 11・12ページ

1 ② わに・わし・ひまわり
2 ② えをかく。はをみがく。
3 ② ほん・かん・こうえん
4 (12ページ 左下の ひょうを 見ましょう。)
5 ・ 6 (しょうりゃく)

7 しあげドリル① 13・14ページ

1 ① いか・あき・あお・いえ・いき・うえ・えき・おけ など
② あさ・あし・あす・あせ・いし・いす・うし・うそ・えさ など
2 ① あしか・おかし・きおく・こいし・けいこ・せかい など
② たうえ・てもと・あつい・てあみ・もちて・たたみ など

ポイント

おなじ 文字を つかった ことば(「ささ」や 「かかし」など)も 正かいです。また、2 は、二字の ことばを かいても いいよ。

8 ひらがなの ことば⑦ 15・16ページ

1 ① ばら ② めがね ③ かぶと
2 ① げた ② みず ③ びん ④ にじ
3 ① かき・ ・かぎ ②
③ さる・ ・ざる ④
⑤ ふた・ ・ぶた ⑥
4 ① かんづめ ② ながぐつ ③ えんぴつ

9 ひらがなの ことば⑧ 17・18ページ

1 ① きって ② きつね ③ しっぽ ④ ひつじ ⑤ はっぱ ⑥ がっき
2 ① おばさん・ ・おばあさん ②
③ おじさん・ ・おじいさん ④
3 ① てつぼう ② せっけん ③ もっきん
4 ① ふうせん ② ひこうき ③ せんぷうき

10 ひらがなの ことば⑨ 19・20ページ

1 ① あきや ② しゃしん ③ あくしゅ ④ おやゆび ⑤ たいよう ⑥ きんぎょ
2 ① いしゃ・ ・いや ②
③ びよういん・ ・びょういん ④
3 ① ちゃわん ② きゅうり ③ じょうぎ
4 ① じゃんけん ② ぎゅうにゅう ③ きょうかしょ

ポイント

それぞれの ことばを、こえに 出して よんで みよう。

11 ひらがなの ことば⑩ ページ21・22

1 ① さら ② なす
③ あり ④ わに

2 ① ま・き
② ぬ・ね
③ る・は

3 ① すずめ ② めだか
③ かがみ
④ みずでっぽう
⑤ うみ
⑥ みずたまり
⑦ りょうし
⑧ しゃしん

12 しあげドリル② ページ23・24

1 ① だい・ごま・まど・ばね
（「だい」の ほかは、じゅんじょが ちがっても よい。）

② しっぽ・らっこ・はっぱ
（「しっぽ」の ほかは、じゅんじょが ちがっても よい。）

2

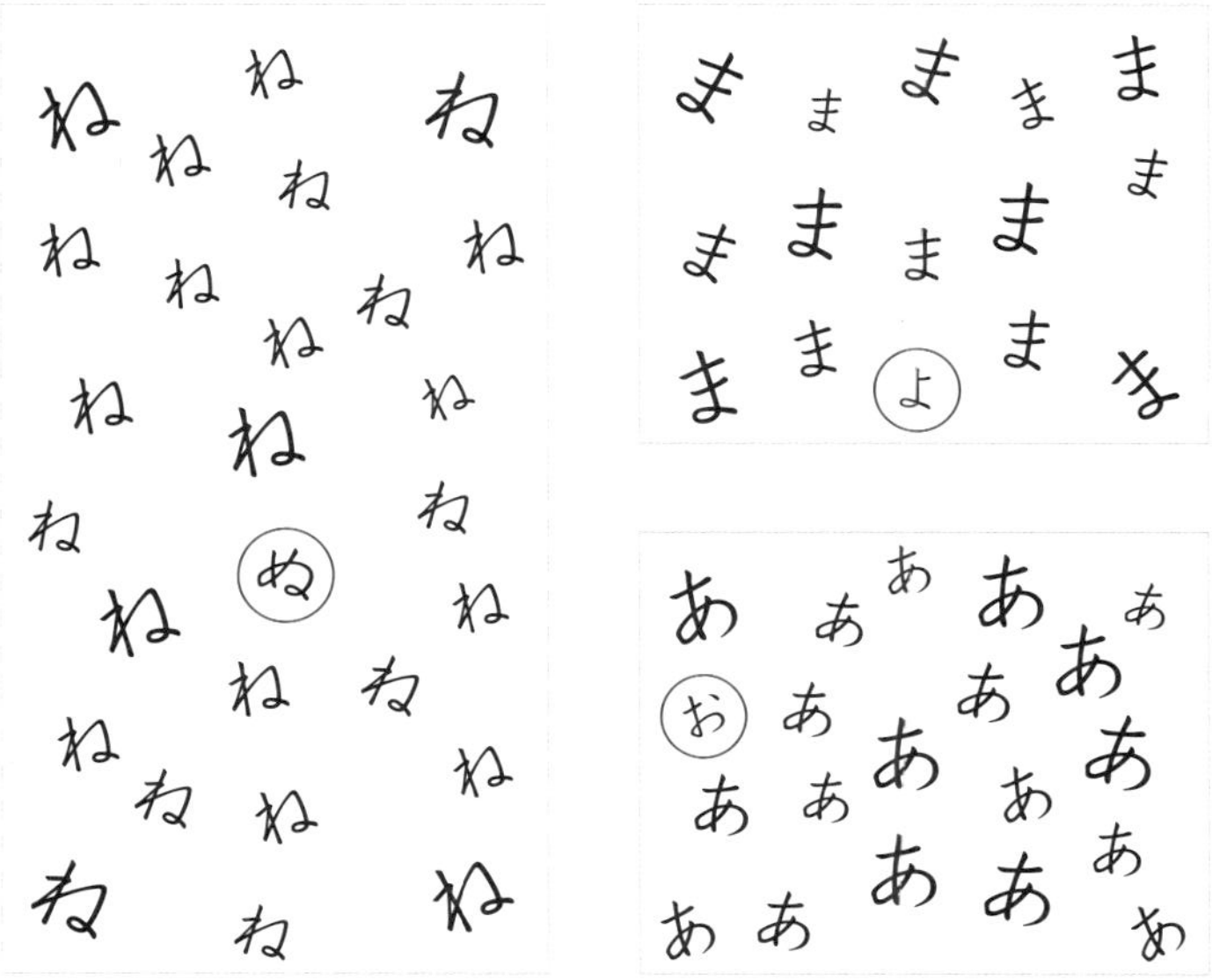

13 なかまの ことば① ページ25・26

1 ① おはようございます。
② さようなら。

2 ① ╳ いただきます。
② いってきます。
③ ── おやすみなさい。

3 ① こんばんは。
② こんにちは。
③ いただきます。
④ ごちそうさま。

4 ① ただいま。
② いってきます。

14 なかまの ことば② ページ27・28

1 ① なべ ② しゃしん
③ まくら ④ とけい

2 （右から） さら
ちゃわん
しょうゆ
れいぞうこ

3 ① つくえ ② かびん
③ ふでばこ ④ てつぼう

4 （右から） せんせい
こくばん
えんぴつ
きょうかしょ

15 なかまの ことば③ ページ29・30

1 ① きつね ② きりん
③ うさぎ ④ ひつじ

2 ① きりん・たぬき・さる
② なす・じゃがいも・きゅうり
（じゅんじょは ちがっても よい。）

3 ① りんご ② すいか
③ いちご ④ ぶどう

4 ① すずめ・はと・からす
② かき・なし・みかん
（じゅんじょは ちがっても よい。）

16 なかまの ことば④ ページ31・32

1 ①さかな ②むし

2 ①すし・うどん ②ふね・でんしゃ ③えんぴつ・したじき
（じゅんじょは ちがっても よい。）

3 ①はる ②なつ ③あき ④ふゆ

4 ①ひる ②きょう ③ことし

17 うごきを あらわす ことば ページ33・34

1 ①よむ ②はしる ③のむ ④はなす

2 ①あける ②ひろう ③たべる ④ける

3 ①うたを — うたう。
②ボールを — なげる。
③ぶらんこに — のる。
④なわとびを — する。
・あける。

4 ①れい ころぶ ②れい もつ ③れい およぐ

ポイント
①「こける」、②「もちあげる」「はこぶ」などでも 正かいです。

18 ようすを あらわす ことば ページ35・36

1 ①—ドンドン・ ・ワンワン—②
③—ガチャン・ ・ボチャン—④

2 ①（ ）（○） ②（○）（ ） ③（○）（ ）

3 ①ゴーン — てらの…。
②チュンチュン — すずめの…。
③ザブーン — なみの…。
④ヒューヒュー — かぜの…。

4 ①きらきら ②しっかり ③にっこり

19 はんたいの いみの ことば ページ37・38

1 ①した ②そと ③すくない ④あたらしい

2 ①…かう。 — うる
②…あがる。 — さがる
③…かつ。 — まける
④…はいる。 — でる
・あける

3 ①ちいさい ②さむい

4 ①ひくい ②つよい ③うしろ〈あと〉 ④ひだり

20 しあげドリル③ ページ39・40

1

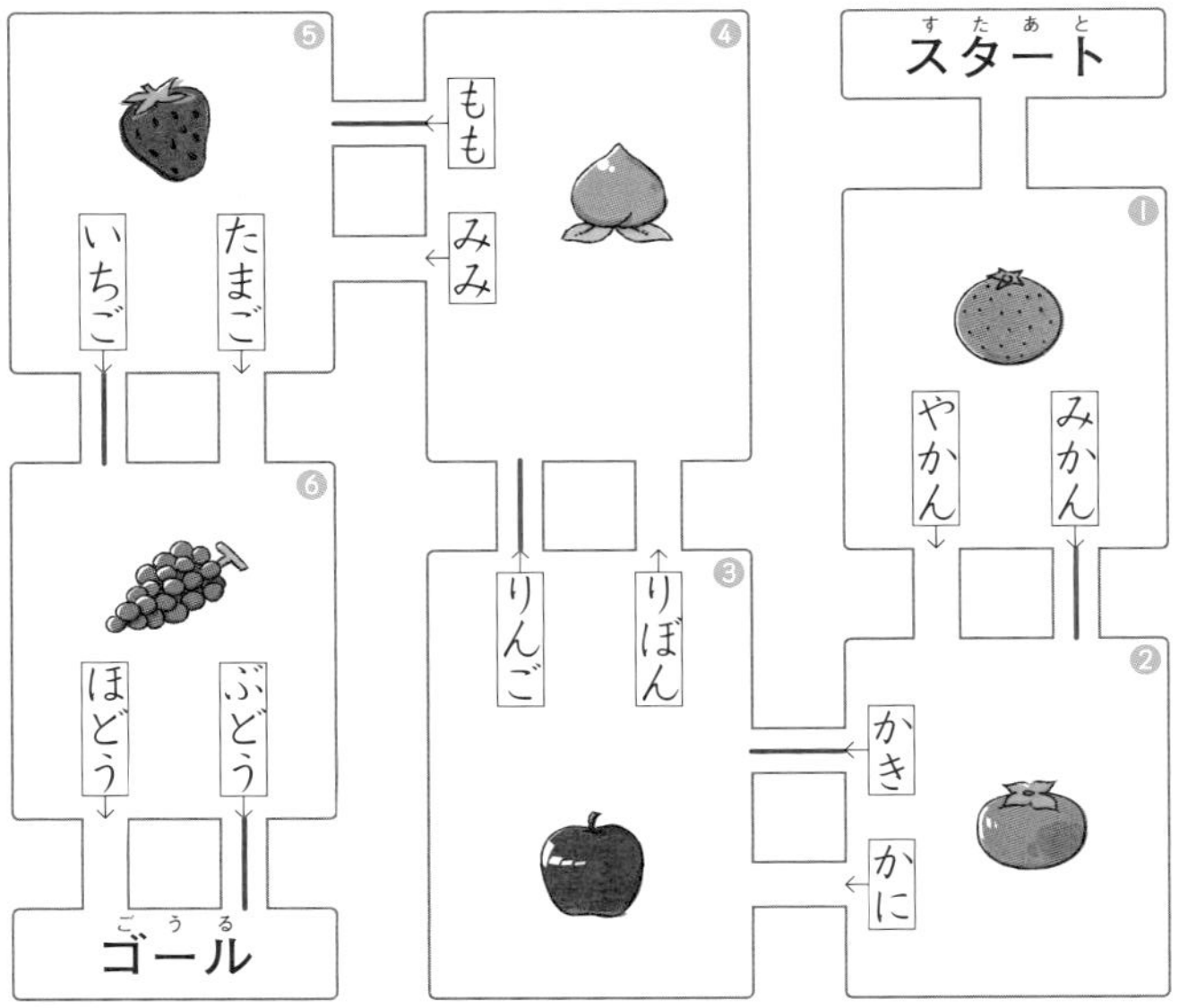

2 ①おおい ②すくない ③あつい ④つめたい ⑤あかるい ⑥くらい

21 文のくみ立て① ページ41・42

1 ①とりが ②さかなが ③ねこが

2 ①のる ②かく ③ひろった ④あそんだ

3 ①わたしが ②いもうとが ③ぼくが

4 ①ける ②かいた ③あそぶ

22 文のくみ立て② ページ43・44

1 ①いすを ②てがみを ③にわで

2 ①ごみを ②ぼうしを ③おかしを

3 ①あさ ②きょう ③あした

4 ①こうえんで ②へやで ③ろうかで

23 文のくみ立て③ ページ45・46

1 ア・エ・カ

2 ①が・を ②が・を ③が・を ④が・を

3 ①で ②に ③に・を

4 ①さかなが すいすい およぐ。 ②先生が ピアノを ひいた。 ③ぼくが おつかいに いく。 ④きのう、白い 花が さいた。

24 文のくみ立て④ ページ47・48

1 ①くろい ②きれいな ③まるい

2 ①たかい ②赤い ③あさい

3 ①たべる ②なめる ③なく

4 ①あらう ②ひかる ③たたく

25 しあげドリル④ 49・50ページ

1 ①・②

きょう、わたしは、こうえんで
白い 犬と あそんだ。
わたしが、犬を やさしく
なでた。すると、犬は、
うれしそうに しっぽを ふった。

③ しっぽ

2 ①・③・④

きのう、ぼくは ふろそうじを した。
ぼくは、ふろを ごしごし あらった。
ぴかぴかの ふろを 見て、
おかあさんが よろこんだ。
ぼくは、また ふろそうじを
しようと おもった。

② ふろそうじ

26 かなづかい① 51・52ページ

1 ① とけい ② こおろぎ
③ ちぢむ ④ かんづめ

2 ① じ・お
② う・ず
③ え・う

3 ① ず・じ
② い・づ
③ う・づ

4 ① おおかみ
② ほうたい

27 かなづかい② 53・54ページ

1 ① (○) ( )
② ( ) (○)
③ ( ) (○)

2 ① お・を
② わ・え
③ は・へ

3 ウ・オ

4 ① わたしわ|は こうえんえ|へ いった。
② おとうさんお|を むかえに えきえ|へ…。
③ きのうわ|は ゲームお|を して あそんだ。

28 まる(。)、てん(、)の つかいかた 55・56ページ

1 ① ( ) (○)
② ( ) (○)

2 ① きのう、おねえさんと…いった。
② …女の子が、しんごうで 立ちどまった。
③ …なって、空が…きた。

3 ① 子犬が、クンクン ないて…。
② …いくと、たかしくんが まって…。
③ あさ、おとうさんと いえの…。

4 ① きょう、おかあさんと…いった。
② …男の子が、むこうから…きた。
③ …くもって きて、…ふって きた。

29 かぎ(「 」)の つかいかた ページ57・58

1 ① {（ ）（◯）}

2 ①「早く いこうよ。」
②「さようなら。」

3 ①

たろうくんが、

「いただきます。」

と、大ごえでいった。

②

「さようなら。」

と、わたしがいうと、

「また、あした。」

と、あきなさんがいった。

30 文の おわりの いいかた ページ59・60

1 ① {（ ）（◯）}
② {（◯）（ ）}

2 ① かいた
② あそんだ
③ たべた
④ おきた

3 ① {（ ）（◯）}
② {（ ）（◯）}
③ {（◯）（ ）}

4 ① たたきます
② あらいます
③ なげます
④ かさです

31 しあげドリル⑤ ページ61・62

1 ①・②・③

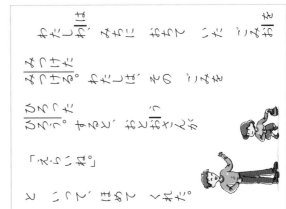

わたしわ（は）、みちに おちて いた ごみお（を）
みつけた（みつける。） わたしは、その ごみを
ひろった（ひろう。） すると、おとおさん（う）が
「えらいね。」
と いって、ほめて くれた。

2 ①・②・③

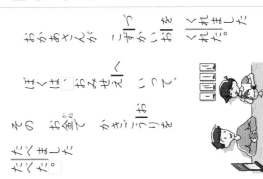

おかあさんが こずかい（づ）お（を） くれました（くれた。）
ぼくは、（、）おみせえ（へ） いって、
その お金で かきごうり（お）を
たべました（たべた。）

32 カタカナの ことば① ページ63・64

1 ① オムレツ ② ライオン ③ ハンカチ ④ クレヨン

2 ① カメラ ② タオル ③ マスク

3

ア	イ	ウ	エ	オ
カ	キ	ク	ケ	コ
サ	シ	ス	セ	ソ
タ	チ	ツ	テ	ト
ナ	ニ	ヌ	ネ	ノ
ハ	ヒ	フ	ヘ	ホ
マ	ミ	ム	メ	モ
ヤ	(イ)	ユ	(エ)	ヨ
ラ	リ	ル	レ	ロ
ワ	(イ)	(ウ)	(エ)	ヲ
ン				

33 カタカナの ことば② ページ65・66

1 ① ウ ② カ ③ キ ④ セ ⑤ モ ⑥ ヤ

2 ① バス ② ピザ ③ ズボン ④ ペンギン

3 ① カーテン ② シャベル ③ ホットケーキ ④ チューリップ

4 ① タ・マ ② ン・ス

ポイント

4 この ほかにも 「ツ」と 「シ」、「ナ」と 「メ」、「チ」と 「テ」なども、かたちが にて いて まちがえやすいので、しっかり おぼえよう。

34 カタカナの ことば③ ページ67・68

1 ① ワンワン ② コンコン ③ ケロケロ ④ ガチャン

2 ① トースト・バター ② ピアノ・ハーモニカ

ポイント

2 ①「とうすと」「ばたあ」、②「はあもにか」の ―の 字は、「ー」で かくよ。

3 ① ゴリラ・パンダ・ペンギン ② ヨット・ボート・バス ③ ドーナツ・プリン・ジュース ④ バケツ・コップ・テレビ
（じゅんじょは ちがっても よい。）

35 しあげドリル⑥ ページ69・70

1 ①

きのう、ものれえるに のって どうぶつえんに いった。
どうぶつえんで らいおんや こあらを 見た。おとうさんは、ごりらが ばななを たべる ところを、かめらで とった。

② モノレール・ライオン
コアラ・ゴリラ
バナナ・カメラ
（じゅんじょは ちがっても よい。）

2 ①

ひる休みの ちゃいむが なった。
きょうは、ともだちと ぐらうんどで さっかあを する つもりだった。
でも、雨が ざあざあ ふって きたので、たいいくかんで どっじぼうるを した。

② チャイム・グラウンド
サッカー・ザーザー〈ザアザア〉
ドッジボール
（じゅんじょは ちがっても よい。）

36 かん字の ことば ページ71・72

1 ①・犬 ②・本 ③・竹 ④・車（①犬―②、本―①、竹―③、車―④ を線でむすぶ）

2 ① 木 ② 山 ③ 火 ④ 川

3 ① みず／すい ② おと／おん

4 ① 休む ② 正しい ③ 生まれる ③ くるま／しゃ ④ あおぞら／くうき

37 かん字の　かたち

ページ73・74

1
① 貝・見
② 石・右／名・足

2
① 町・男
② 林・森／村・校

3
① 大／犬
② 木／本
③ 貝／見
④ 字／学

4
① さかの　土→上から…ビー王→玉を…。
② 百→白い…小→水あびを…。
③ 車は…入→人は　石→右がわを…。

38 なかまの　かん字①

ページ75・76

1
① 山　② 空
③ 夕　④ 森
⑤ 林　⑥ 田
⑦ 石　⑧ 川

2
① 男
② 女
③ 先生
④ 子

3
① 目
② 口
③ 耳
④ 手
⑤ 足

4
① 上・下
② 出・入
③ 大・小

39 なかまの　かん字②

ページ77・78

1
① みっか
② いつか
③ むいか
④ ようか
⑤ ここのか
⑥ とおか

ポイント

日づけの　よびかたでは、ほかに、「一日(ついたち)」、「二日(ふつか)」、「二十日(はつか)」なども　あるよ。いっしょに　おぼえて　おこう。

2 月→火→水→木→金→土

3
① ―― 四本
② ―― 二ひき
③ ―― 七こ
④ ―― 十まい

4
① 三こ
② 五まい
③ 八ひき〈八ぴき〉
④ 六ぽん〈六本〉〈六ほん〉

ポイント

さらや　かみなど　うすい　ものは「まい」、小さい　生きものは「ひき」、ながほそい　ものは「ほん(本)」を　つかって　かぞえるよ。

40 しあげドリル⑦ ページ79・80

1 ①・②

木 の 上で、白い とりが
休み
ひとやすみして いる。おとうとが
見
見つけて、おおきな
大きな
こえを 出した。
右
すると、とりは 右に ある
林
中
林の 中へ とんで いった。

2 ①・②・③

わたしは、三月 三日の 日よう日、
みっか
こうえんに いった。すべりだいの
そばに 一ぴきの 小さい ねこが
大きい
いっ
いた。さむい 日だったので、
あつい
ねこは ふるえて いた。

41 テスト① ページ81・82

1
① （りっちゃんの）おかあさん
② ア・ウ・オ
③ いっしょうけんめい
④ （おいしい）サラダ
〈（げんきに なる）サラダ〉
※「サラダ」が かけて いれば 正かいです。
⑤ れいぞうこ
⑥ 「あっ、そうだわ。……
つくって あげよう。」

42 テスト② ページ83・84

1
① どうろ
② 人を のせて はこぶ
※「人を はこぶ」でも 正かいです。
③ ひろく
④ にもつを はこぶ しごと。
⑤ （ひろい）にだい
⑥ タイヤ

43 テスト③ ページ85・86

1
① はたけ・やさい
② つりざお・
（小さな）ながぐつ
（じゅんじょは ちがっても よい。）
③ おばあさん・ねこ
（じゅんじょは ちがっても よい。）
④ 九十八
⑤ さかなつり

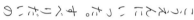